Rachel Kramer Bussel

Lass mich deine Sklavin sein

Heiße Stori

Ins

vo

blanvalet

Die amerikanische Originalausgabe erschien unter dem Titel
»Please, Sir« bei Cleis Press, Berkeley.

MIX
Papier aus verantwortungsvollen Quellen
FSC® C014496
FSC www.fsc.org

Verlagsgruppe Random House FSC®N001967
Das FSC®-zertifizierte Papier *Holmen Book Cream*
für dieses Buch liefert Holmen Paper, Hallstavik, Schweden.

2. Auflage
Deutsche Erstveröffentlichung September 2012
bei Blanvalet, einem Unternehmen der
Verlagsgruppe Random House GmbH, München.

Umschlagmotiv: © Johannes Wiebel | punchdesign, unter Verwendung
eines Motivs von Alex.Zhernosek_FFMSTUDIO.COM /Shutterstock
Redaktion: Thomas Paffen
HK · Herstellung: sam
Satz: DTP Service Apel, Hannover
Druck und Einband: GGP Media GmbH, Pößneck
Printed in Germany
ISBN: 978-3-442-37970-5

www.blanvalet.de

RACHEL KRAMER BUSSEL (Hrsg.)

Lass mich deine Sklavin sein

Inhalt

Einleitung

Risiko und Belohnung

Meiner Meinung nach ist Unterwerfung eine Kunstform. Sie erfordert Hingabe, Konzentration und Verlangen – und es gibt viele Wege, sie zu leben. Wir können damit etwas aus uns herausholen, das über die normalen Grenzen hinausgeht, Körper und Seele in einer Weise entblößen, wie wir es ohne Unterwerfung nicht könnten.

Ich hatte einmal einen Liebhaber, der immer gesagt hat, der Schlüssel zum Leben sei »hohes Risiko, hohe Belohnung«. Das Gleiche gilt für perverse Neigungen, und das spüren wir in allen Geschichten in *Lass mich deine Sklavin sein*, die weibliche Unterwerfung und männliche Dominanz vom Standpunkt des Subs aus erforschen. Wenn diese Figuren Risiken eingehen, werden sie belohnt – auch wenn diese Belohnungen so aussehen wie »Bestrafungen«. Sie werden belohnt, indem sie immer wieder auf die Probe gestellt werden.

Die Frauen in diesen Geschichten gehen völlig unterschiedlich an Unterwerfung heran. Manche, wie Tess Danesis Protagonistin in »Ich hauche deinen Namen«, leben am Rande der Angst und kommen zum Orgasmus, wenn sie sich gegen ihren Herrn auflehnen, auch wenn sie nicht immer wissen, wohin ihre Kühnheit sie führt. Manche dieser Frauen fühlen sich zu dem Charisma eines geborenen Anführers hingezogen, so wie in Emeralds Geschichte »Macht über Macht«.

Andere erwarten gar nicht, in perverse Handlungen hineingezogen zu werden, wie »Mamas Junge« in Doug Harrisons Geschichte, wo auf entzückende Weise die Rollen getauscht werden. In Lisabet Sarais »Schlaganfall« riskiert eine Frau eine perverse Handlung auf der Arbeit, um ihren Traum zu verwirklichen.

Die Lektion in allen diesen Geschichten ist, dass Unterwerfung immer auch etwas mit Risiko zu tun hat. Ich meine nicht körperliche Risiken, sondern emotionale, die großes Vertrauen erfordern. Man muss wissen, dass das, was man tut, einen nervös machen, verwirren und ängstigen kann, aber zugleich erregt es einen auch und macht einen bereit für mehr. Wie wir in »Erwartung«, der ersten Geschichte, sehen, kann allein der Gedanke daran, was er als Nächstes tun könnte, bedeutende Ergebnisse erzielen.

Manche, wie Kissa Starlings Protagonistin, sind freche Gören und genießen es, ihren Herrn bis an die Grenze zu treiben. Andere provozieren zwar nicht absichtlich, genießen die Bestrafung aber trotzdem. Wie auch immer ihre devote Haltung zustande kommt, sie hat etwas mit Leidenschaft zwischen zwei Menschen zu tun, die das Risiko mit allen Konsequenzen begrüßen.

Ich mag die Frauen in dieser Anthologie, und nicht nur, weil sie mich daran erinnern, wie wundervoll ich mich fühle, wenn ich völlig der Gnade meines Geliebten ausgesetzt bin. Es geht nicht nur darum, dass die hier geschilderten Aktionen mir vertraut sind, sondern auch um die Verteilung der Macht. Perversionen betreffen nicht nur die Ängste einer Person. Vielmehr wird diese auch sehr sexy belohnt, wenn sie sich damit auseinandersetzt.

Rachel Kramer Bussel
New York City

Erwartung

Shanna Germain

Ich habe ein Bett gekauft, sagt er. Er tippt es. Jedenfalls steht es im Mail-Fenster. *Bard42 schreibt.* Ich sitze in einem Café in einer Kleinstadt in Deutschland, dem einzigen Ort, an dem ich ins Internet kann. Es ist lächerlich teuer, sogar hier, aber das ist mir egal. Ich gebe ja auf meiner Reise quer durch Europa sonst kein Geld aus. Ich schlage die Beine übereinander und starre auf den Bildschirm meines Laptops, eine riesige Tasse Kaffee in der Hand.

Ich habe es hauptsächlich wegen des Kopfteils gekauft, schreibt er. *Es hat große, breite Latten, perfekt, um ein Seil durchzuschieben. Oder einen Gürtel. Oder die Fetzen deines Kleides, wenn ich es dir vom Körper gerissen habe.*

Er ist irgendwo mitten in New Hampshire, einem Ort, an dem ich noch nie gewesen bin und wohin ich auch nie wollte. Er ist dort irgendwo in einem neuen Haus und kauft Möbelstücke. Kauft sie und denkt dabei an mich. Ich weiß nicht, wie ich ihm sagen soll, was das mit mir macht.

Ich stand im Laden und habe mir vorgestellt, wie du

an jedes Kopfteil gefesselt bist. Ich ging von Bett zu Bett, und allein der Gedanke an dich machte mich so hart. Und dann sah ich deinen Körper auf diesem Bett mit seinem starken, dunklen Holz. Deine blassen Handgelenke, gefesselt mit meinem braunen Gürtel, die Beine weit gespreizt, damit ich mein Gesicht zwischen deinen cremeweißen Schenkeln vergraben kann.

Ich schließe meine Augen und genieße den Gedanken. Ich habe ihn seit fast sechs Monaten nicht gesehen. An manchen Tagen kann ich mich kaum erinnern, wie er aussieht. Ich habe natürlich Fotos von ihm, aber sie geben nur sein Äußeres wieder. Nicht sein Wesen, nicht den verschmitzten Blick, mit dem er mich über den Rand seiner Drahtbrille hinweg ansieht, wenn er etwas von mir will. Nicht den Druck seiner Finger auf meinem Kopf, wenn er mich in die Knie zwingt.

Die Männer bringen es morgen, fügt er hinzu. *Wenn du hier wärst, würde ich nicht einmal warten, bis sie gegangen sind. Ich würde dich über die Seite der Matratze drücken, bis dein Arsch hoch in die Luft gereckt wäre, würde meinen Gürtel abnehmen, und du würdest das scharfe Zischen hören, wenn er auf deine weiße Haut niedersaust. Ich würde sie jeden Schrei und jedes Stöhnen von dir hören lassen.*

Ich muss einen Laut des Verlangens unterdrücken. Hoffentlich hat mich niemand gehört. Es ist schlimm genug, die einzige Amerikanerin in dieser Kleinstadt zu sein. Wahrscheinlich kann man meine Lust riechen, und ich rutsche auf meinem Stuhl hin und her. In der Öffentlichkeit zu stöhnen wäre mehr, als ich ertragen kann.

Ich glaube, beim ersten Mal lasse ich dich warten, schreibt er. *Ich werde deine Handgelenke am Kopfende festbinden und den Kopf meines Schwanzes zwischen deinen Beinen reiben, bis er ganz von deiner Hitze bedeckt ist und du mich anflehst. Und dann gehe ich das Abendessen vorbereiten. Ich werde Steak mit Pilzen machen, mit hartem Schwanz, weil ich weiß, dass du oben wimmerst und auf mich wartest.*

Jetzt stöhne ich wirklich. Der Laut entschlüpft mir, bevor ich ihn unterdrücken kann. Ich schlage die Beine übereinander, und meine Klitoris pocht. Ich gehöre leider nicht zu den Frauen, die kommen können, wenn sie nur ihre Beine aneinanderreiben. Ich brauche eine Hand, idealerweise seine, die hart und fest auf meinen Arsch oder meine Klitoris schlägt und mich zum Orgasmus bringt. Aber ich werde in meine gemietete Wohnung gehen, um zu masturbieren, und dabei an ihn und seine Worte denken. An die unzähligen Arten, die er sich ausdenkt, um mich zu quälen und mir Lust zu bereiten.

Was meinst du?, schreibt er. *Ist das ein guter Plan, wenn du wieder da bist?*

Ich kann nicht so gut wie er mit Worten umgehen; schließlich ist er der Poet. Der Worteschmied. Ich bin nur Wissenschaftlerin. Hauptsächlich antworte ich mit Sätzen wie: *Klingt ideal. Ich vermisse das Geräusch deines Gürtels, wenn du ihn durch die Gürtelschnallen ziehst. Ich wünschte, du würdest meine Handgelenke festhalten, während ich komme.* Solche dummen Sätze. Ihm scheint das nichts auszumachen. Ich glaube, ihm reicht meine Reaktion. Es reicht ihm zu wissen, dass er mich nass und sehnsüchtig macht, während ich an einem öffentlichen Ort sitze. Dass ich rot werde, wenn ich geil oder verlegen bin.

Dieses Mal beantworte ich seine Frage mit einem einfachen *Ja, bitte.* Der Refrain singt in meinem Kopf. Ja, bitte. Wie oft habe ich das schon zu ihm gesagt. Härter? Ja, bitte. Fester? Ja, bitte. Mehr? Ja, ja, bitte.

Braves Mädchen, schreibt er, und ich höre beinahe das leise Grollen in seiner Stimme, immer wenn er mich fickt und kurz davor steht zu kommen. Das ist der einzige Moment, in dem ich Kontrolle übernehmen kann, wenn ich will. Ich kann ihn zum Orgasmus bringen mit einer Bewegung meiner Hüften oder indem ich seinen Namen schreie.

Meine einzige Sorge ..., schreibt er. Und dann bricht er ab. Das macht er auch, wenn wir ficken. Er bindet mich an ein Geländer oder an einen Stuhl, damit ich offen und entblößt für ihn bleibe, und dann verbindet er mir die Augen und sagt: »Weißt du, was ich jetzt mit dir mache?« Aber er beantwortet die Frage nicht, lässt mich einfach hängen, so dass ich Angst bekomme und angestrengt auf jeden Laut lausche. Klirrt da eine Gürtelschnalle oder ein Hundehalsband? Geht eine Tür auf, oder wird sie geschlossen? Er wartet, bis ich vor Erwartung und Erregung zittere, und dann endlich antwortet er.

Was?, flehe ich ihn an. *Was?*

Wenn ich jetzt dort wäre, würde ich sein Lachen hören. Sein echtes Lachen, nicht das aufgesetzte. Das dunkle Lachen, das nur für mich bestimmt ist, vermisse ich genauso sehr wie seinen Sinn für sadistisches Ficken.

Nun, da ich dich so lange nicht gefickt habe, schreibt er, *wird es sehr hart werden. Grausam. Ich werde dich sehr fest fesseln und dich mit jedem Stoß meines Schwanzes so fest an das Kopfteil stoßen, dass du keine Luft mehr bekommst. Deine Kehle, deine Möse, dein Arschloch. Ich habe heute ein Paddel gekauft und einen prachtvollen Glasdildo. Ich werde sie beide gleichzeitig benutzen. Ich werde dich füllen und spanken und ficken. Bis deine Haut rot und voller Striemen ist, bis du atemlos und gebrochen bist …*

Ich hoffe nur, das Kopfteil hält es aus.

Oh, Scheiße. Ich kriege keine Luft mehr, kann keinen Laut mehr von mir geben. Und das macht er mit mir jeden Tag; mit seinen Worten versetzt er mich in solche Erregung, dass ich ihn mehr vermisse, als ich sagen kann, dass ich so nass werde, als ob er hier wäre und mich vor allen Leuten hier ficken würde. Ich würde ihn anflehen, mich zu ficken, mich zu schlagen, mich zu einem Orgasmus zu bringen, der alles andere verschwinden lässt.

Ich muss wieder zurück an die Arbeit, an die Arbeit, die mich hier an diesem fremden, ficklosen Ort festhält, aber ich will nicht.

Noch zwei Monate, schreibe ich. Noch zwei Monate, und dann darf ich nach Hause, in unser neues Haus, das er in Gedanken an mich eingerichtet hat.

Noch zwei Monate, stimmt er mir zu. *Ich plane es schon.*

Ich muss los, schreibe ich. Ich lege all meine Schmerzen und meine Sehnsucht in diese nüchternen Worte. Ich hoffe, er kann es hören. Irgendwie glaub ich es schon.

Das Mail-Programm sagt mir, *Bard42 schreibt*, also warte ich noch, bevor ich mich abmelde. Meine Erregung pocht heiß zwischen meinen Beinen, und ich rieche meinen eigenen süßen Duft. Ich weiß, dass meine Finger nass und schlüpfrig würden, wenn ich sie jetzt in mich hineinsteckte.

Nächste Woche, schreibt er, *kaufe ich einen Couchtisch. Etwas Solides, genau in der richtigen Größe, um dich bäuchlings daraufzulegen und deine Handgelenke und Knöchel an die Beine zu binden. Und dann werde ich dich auspeitschen, Baby, bis dein Arsch dunkelrot und voller Striemen ist und deine Möse sich öffnet wie eine blasse Blume. Du wirst mich anflehen aufzuhören, aber wir wissen beide, dass ich es nicht tun werde.*

Das Programm sagt mir, *Bard42 hat sich abgemeldet*, und ich folge seinem Beispiel. *Zwei Monate,* denke ich, als ich seufzend den Laptop zuklappe. In zwei Monaten kann ich endlich wieder vollständig sein: von mehr gefesselt als nur von Worten. Geschlagen von anderen Dingen als von Terminplänen und Zeit.

Ich plane es schon.

Weil er es kann

Elizabeth Coldwell

Tief im Innern will ich bestimmt, dass mein Ehemann die Sache mit Adam herausfindet. Eigentlich kann ich nämlich ein Geheimnis ziemlich gut bewahren. Wenn jemand mir etwas anvertraut, erzähle ich es niemandem weiter, obwohl wenigstens eine meiner engen Freundinnen ihre Ehe und eine andere ihren Job aufs Spiel setzte, wenn ich erwähnen würde, was sie mir nach ein paar Gläsern Chardonnay zu viel im Vertrauen erzählt haben. Deshalb hat es bestimmt was zu bedeuten, dass ich die E-Mail nicht geschlossen habe, als ich Davids Stimme im Treppenhaus gehört habe. Vielleicht sollte es auch eine Herausforderung sein. David liebt es, wenn ich seine Autorität herausfordere.

In dieser Hinsicht passen wir gut zueinander. Er bezeichnet mich oft als sein kleines Luder, provokativ und völlig respektlos. Er versteht mein Bedürfnis, bestraft zu werden, gezwungen zu werden, seine Anweisungen zu befolgen oder ihm Lust zu schenken, wenn er es verlangt. Er kann mich nass machen, indem er mich nur anschaut oder den Tonfall seiner Stimme verändert. Er ist streng, aber liebevoll, und ich bete ihn an.

Adam weiß natürlich nichts davon. Ich habe zwar schamlos mit ihm geflirtet, seitdem er in unsere Abteilung gekommen ist, aber es war alles völlig harmlos. In ruhigen Momenten schreiben wir uns schmutzige E-Mails, aber obwohl ich ihm sage, dass ich gerne von hinten gefickt werde, erwähne ich nicht, dass ich dabei am liebsten Augenbinde und Fesseln trage. Und er hat absolut keine Ahnung, dass ich davon träume, vor ihm zu knien und ihm einen zu blasen, während die Chefsekretärin jeden Moment hereinplatzen kann. Ich beabsichtige nicht, ihm mein Verlangen nach Unterwerfung zu erklären, weil es eine streng virtuelle Beziehung ist, einfach nur, um die Langeweile am Arbeitsplatz aufzupeppen. Und eigentlich sollte das auch so bleiben – bis ich diese E-Mail vergaß.

Ich stehe in der Küche und wasche nach dem Abendessen ab – eine Tätigkeit, bei der David mir gerne zuschaut, wenn ich nur eine alberne Rüschenschürze trage. Heute Abend jedoch trage ich T-Shirt und Yoga-Hose, als er hinter mich tritt. Er schlingt seine Arme um mich, und sein Körper schmiegt sich an meinen. Er streichelt meinen Hals und murmelt: »Erzähl mir von Adam.«

Die Bitte mag Ihnen merkwürdig vorkommen, aber wir sprechen oft über unsere Arbeit und unsere Kollegen, deshalb denke ich mir nichts dabei. »Ich habe dir bestimmt schon von ihm erzählt«, erwidere ich. »Er ist seit anderthalb Jahren in der Firma, ist kurz vor Weihnachten aus der Filiale in Birmingham in unsere Abteilung gekommen, und ich glaube, er hat eine Wohnung in diesem neuen Wohnkomplex am Fluss.«

»Faszinierend«, sagt David. »Aber das erklärt noch lange nicht, warum du seinen Schwanz lecken willst, als wäre es der süßeste aller Lutscher.«

In diesem Moment wird mir klar, dass er die E-Mail gelesen hat. Aus Davids Mund klingen die Worte banal und süßlich, aber so rede ich eben mit Adam. Es ist die Sprache, die er versteht.

Mein Mann weiß immer, wenn ich lüge, deshalb versuche ich es erst gar nicht. Ich drehe mich um und blicke in seine klugen dunklen Augen. »Weil er süß ist«, sage ich. »Und ich möchte gerne, dass solche Nachrichten auf ihn warten, wenn er morgens ins Büro kommt, weil er dann allein schon vom Nachdenken darüber hart ist, bis ich komme.«

»Ach, tatsächlich?« David zieht eine Augenbraue hoch. »Es klingt so, als ob mein kleines Luder sich für eine Expertin in Kontrollspielen hält. Du versuchst doch nicht etwa, diesen süßen Freund heimlich zu dominieren?«

»Keineswegs«, versichere ich ihm. »Ich glaube nicht, dass er überhaupt weiß, was ein Top ist.«

»Nun, vielleicht sollte ich ihn einmal fragen?« David muss meinen entsetzten Gesichtsausdruck bemerkt haben, denn er fügt hinzu: »Lass uns ins Bett gehen und darüber reden.« Langsam ahne ich, wohin das führen wird, denn in unserem Bett finden alle großen, wichtigen Gespräche über Sex und unsere Beziehung statt.

Ich lasse mich von David die Treppe hinauf ins Schlafzimmer führen und lege mich aufs Bett. Er zieht sich rasch aus. Sein Schwanz wird bereits hart, und ich würde ihn am liebsten packen und damit spielen, aber dieses Privileg gewährt er mir jetzt noch nicht. Zuerst muss ich mir anhören, welchen Plan er sich ausgedacht hat, als er die Mail gesehen hat, die ich an Adam geschrieben habe.

Er kommt zu mir aufs Bett, zieht mir das T-Shirt über den Kopf. Dann packt er meine Handgelenke mit seinen großen, starken Händen – eine einfache, aber machtvolle Demonstration seiner Herrschaft über mich. Ich liege ganz still da und frage mich, was er mir wohl sagen will.

»Nicky, du weißt doch noch, wie wir einmal darüber geredet haben, was wir tun würden, wenn wir uns tatsächlich ernsthaft zu einer anderen Person hingezogen fühlten?«

»Ja«, erwidere ich. Ich fühle, wie er mit der freien Hand über meine Brust streichelt. »Wir haben gesagt, jedem von uns sei ein kleines Abenteuer erlaubt, solange wir ehrlich damit umgingen.«

»Nun, ich gehe zwar nicht davon aus, dass du schon ein Abenteuer gehabt hast, aber du warst auch nicht ehrlich, was deine ungezogenen kleinen E-Mails an Adam angeht, oder?«

Ich möchte protestieren, dass ich nur nichts gesagt habe, weil es nichts gab, was ich David hätte erzählen können. Aber ich habe ja gerade gestanden, dass ich die Nachrichten nur deshalb abgeschickt habe, um Adam hart zu machen, deshalb hat mein Mann wahrscheinlich Recht.

Plötzlich wird aus Davids sanfter Liebkosung ein festes Kneifen. Funken sprühen in meine Muschi, und ich keuche in einer Mischung aus Schmerz und Erregung auf. Seine Stimme wird zu einem Grollen, das ich nur zu gut kenne. Ich winde mich. »Ich erlaube dir dieses Abenteuer, Nicky, aber nur unter der Bedingung, dass du Adam deine wahren Neigungen mitteilst. Er hat offensichtlich keine Ahnung, was für ein schmutziges, perverses kleines Luder du bist, und deshalb werden wir es ihm zeigen. Du lädst Adam in unser Haus ein, und ich demonstriere ihm, wie er mit dir umgehen muss. Wenn er das aushält, dann gehört er dir. Wenn nicht – nun, ist er es dann wert, dass du deine Zeit mit ihm verplemperst?«

Ich traue meinen Ohren nicht. Dass ich mich meinem Ehemann unterwerfe, war immer unser privates kleines Geheimnis; wir haben keine Freunde, die unseren Lebensstil teilen, und wir bewegen uns auch nicht in der Club-Szene. Und jetzt schlägt er mir vor, mich vor einem anderen Mann zu dominieren – einem anderen Mann, der mich ebenfalls dominieren darf, wenn er sich der Aufgabe gewachsen fühlt. Einen Moment lang frage ich mich, warum David mir das vorschlägt. Und dann wird mir klar: weil er es kann.

Es ist überraschend leicht, Adam zum Abendessen einzuladen. Von den Hinweisen, die ich fallen lasse, gewinnt er den Eindruck, dass David und ich an einem Dreier interessiert sind, aber ich weihe ihn natürlich nicht in die Feinheiten ein. Das wird in einem geeigneten Moment Davids Aufgabe sein. Die Chance auf Sex mit einem älteren, erfahreneren Paar scheint ihm zu gefallen, und ich vermute, dass er der Versuchung nicht widerstehen kann, hinterher die Einzelheiten auszuplaudern. »Damit kannst du nicht vor deinen Freunden prahlen«, warne ich ihn. »Nicht wenn du noch einmal eingeladen werden möchtest.«

Um sieben am nächsten Samstagabend klopft es an der Tür. Ich decke gerade den Tisch. Und David entspannt sich im Wohnzimmer bei einem Bier. Er hat eine CD aufgelegt, ein Ibiza-Chill-out-Album, das er besonders gerne hört. Adam steht vor der Tür, eine Flasche Champagner in der Hand. Er riecht nach Aftershave und nervöser Erwartung, als ich dankend die Flasche entgegennehme und ihn hineinbitte. Falls er überrascht ist, weil ich nur einen seidenen Morgenmantel mit chinesischen Schriftzeichen trage, zeigt er es nicht. In ein paar Minuten wird er noch überraschter sein.

Mein Mann erhebt sich aus seinem Sessel, um Adam die Hand zu geben. »Nett, dich kennen zu lernen.« Als die beiden einander begrüßen, denke ich, dass niemand mir vorwerfen könnte, auf einen bestimmten Typ festgelegt zu sein. David ist über eins fünfundachtzig, mit einer mehrfach gebrochenen Nase aus seiner Zeit als Amateurboxer, und in seinem schwarzen Haar zeigen sich die ersten grauen Strähnen. Adam hingegen ist jungenhaft blond und nur ein bisschen größer als ich. Es wäre schon ziemlich verlockend, nur von beiden gefickt zu werden, aber der Gedanke an ein bisschen Dominanz lässt meine Muschi vor Erregung pochen.

»Bevor wir beginnen«, sagt David zu Adam, »muss ich dir erst einmal erzählen, was heute Abend passieren wird. Ja, ich weiß, Nicky hat dich vielleicht auf den Gedanken gebracht, dass es sich hier nur um einen simplen Dreier handelt, aber es steckt doch wesentlich mehr dahinter. Ich biete dir nämlich die Chance an, qualitativ wertvolle Zeit mit meiner Frau zu verbringen, wenn du sie so behandeln kannst, wie sie behandelt werden möchte. Nicky, entblöße dich.«

Dieses Kommando hat er mir schon unzählige Male gegeben, aber noch nie in Gegenwart eines anderen. Ohne zu zögern, tue ich, was er von mir verlangt. Ich will, dass mein Mann stolz auf mich ist, und mein potenzieller Liebhaber soll sehen, wie gehorsam und gut trainiert ich bin. Ich binde den Gürtel des Morgenmantels auf und lasse ihn zu Boden sinken. Nackt gehe ich auf die Knie, die Beine leicht gespreizt, Handflächen auf den Oberschenkeln. Ich blicke starr geradeaus und warte auf den nächsten Befehl.

Adam starrt mich an. Er wirkt erstaunt, was verständlich ist, da ich mich gerade ausgezogen und so hingehockt habe, dass meine intimsten Stellen gut zu sehen sind. Aber sein Blick sagt mir auch, dass ihm gefällt, was er sieht.

»Möchtest du ein Bier, Kumpel?«, fragt David. Als Adam nickt, fährt David mich an: »Nicky, hol deinem Freund ein Bier.«

Ich eile in die Küche und hole eine Flasche Bier aus dem Kühlschrank. Als ich ins Wohnzimmer zurückkomme, sitzen die beiden Männer in Sesseln und diskutieren über die Football-Ergebnisse des Nachmittags, als wäre dies ein ganz normales gesellschaftliches Treffen.

Als ich Adam das Bier reiche, merke ich, dass er seinen Blick nicht von meinen Brüsten wenden kann. »Ich weiß, dass das merkwürdig wirkt«, sagt David, »aber glaub mir, Nicky genießt das. Das tun wir beide. Sie wird gerne dominiert, und ich liebe es, sie zu dominieren. Ich sage ihr, was sie tun soll, sie gehorcht, und es macht uns beide an. Von Zeit zu Zeit versohle ich ihr den Hintern, und das liebt sie sehr. Aber ich glaube, du brauchst eine kleine Demonstration, damit du überzeugt bist, was?«

David bittet Adam an den Tisch. Es dauert einen Moment, bis Adam merkt, dass dort nur zwei Gedecke liegen. Der Grund dafür wird klar, als ich beginne, das Essen zu servieren. Es ist nur kaltes aufgeschnittenes Fleisch, das man mit den Fingern essen kann, und Salat. Als die Männer sich die Teller vollgeladen haben, wählt David ein paar Happen für einen dritten Teller aus. Ohne dass er es mir sagen muss, setze ich mich auf den Boden neben seinen Stuhl. Während er und Adam essen, unterhalten sie sich über Sport, Fernsehsendungen und Musik, wobei sie feststellen, dass sie viel gemeinsam haben. Nicht einen Moment werde ich in die Unterhaltung mit einbezogen. Ab und zu füttert David mich mit einem Stückchen Hühnchen oder Tomate, oder er lässt mich einen Schluck Wein aus dem Glas trinken, das er für mich eingeschenkt hat. Er behandelt mich wie ein geliebtes Haustier. Zwar benimmt er sich, als wäre ich gar nicht da, aber er nimmt meine Bedürfnisse wahr und hält die feine Balance aufrecht zwischen demjenigen, der kontrolliert, und demjenigen, der kontrolliert wird.

Adam fällt es viel schwerer, so nonchalant damit umzugehen, und das merkt David natürlich. Liebevoll wuschelt er mir durch die Haare und sagt: »Nicky, krabble doch unter den Tisch. Ich möchte, dass du herausfindest, wie sehr Adam das hier genießt.«

Ich krieche auf allen vieren unter dem Tischtuch durch auf Adams Platz zu. Langsam fahre ich mit den Fingern über seine Jeans, bis ich zu der beträchtlichen Ausbuchtung in seinem Schritt komme. »Oh, er ist hart«, murmele ich anerkennend.

»Dann nimm ihn heraus«, befiehlt David. »Nimm ihn heraus und blas ihm einen.«

Ich öffne die Hose und hole den Schwanz heraus. Meine Fingerspitzen berühren sich kaum, als ich die Finger darum schließe. Ich habe schon lange nicht mehr mit dem Schwanz eines anderen Mannes gespielt, und einen Moment lang betrachte ich Adams Schwanz – ein langer, glatter Schaft, die Eichel von samtiger Haut bedeckt – und atme tief seinen salzigen Duft ein. Über mir höre ich, leicht gedämpft durch die dicke Leinentischdecke, dass die beiden Männer sich immer noch unterhalten. Adams Stimme wird allerdings nach und nach immer brüchiger, und als ich meine Lippen um seine Eichel schließe, bringt er überhaupt keinen Ton mehr heraus.

»Wie ist es?«, fragt David im Plauderton.

»Gut«, stammelt Adam.

Diese Antwort stellt David aber nicht zufrieden. »Saugt sie stark genug? Arbeitet sie auch mit den Zähnen? Du kannst es ihr ruhig sagen. Sie tut alles, was du willst.«

Eigentlich sollte ich beleidigt sein, weil mein Ehemann von mir wie von einem Ding spricht, aber es stimmt ja. Ich werde alles tun, was er – oder Adam – von mir verlangt. Das macht mich erst an: Befehle entgegenzunehmen und sie bestens auszuführen. Ich bin entschlossen, Adam den Blowjob seines Lebens zu geben, um ihm – und damit auch David – Lust zu bereiten.

»Saug fester, Nicky«, verlangt Adam, dessen Stimme auf einmal viel strenger klingt. »Und nimm mich tiefer in deinen Hals auf.« Plötzlich ist nicht mehr die Rede von süßen Lutschern, und ich beginne mich zu fragen, ob ich ihn wohl unterschätzt habe. Selbst bei einer so bereitwilligen devoten Frau, wie ich es bin, hätten einige Männer Schwierigkeiten mit der Situation gehabt, aber Adam nicht. Er gibt Befehle, als hätte er noch nie etwas anderes getan.

Als ich weiter meine Aufmerksamkeit seinem Schwanz widme, spüre ich einen kalten Luftzug am Hintern. David hat das Tischtuch angehoben und betrachtet mein Hinterteil. Seine Finger schieben sich sanft in meine Muschi, und ich brauche nicht sein zustimmendes leises Lachen zu hören, um zu wissen, dass er entdeckt hat, wie nass ich bin.

»Das liebst du, was, du kleines Luder?«, sagt David, aber ich kann gerade nicht antworten, weil ich den Mund voll mit Adams Schwanz habe. Statt einer Antwort drücke ich meinen Arsch gegen seine Hand. Einer seiner Finger, der bedeckt ist mit meinen Säften, spielt kurz an meinem Anus und gleitet dann mit fast beschämender Leichtigkeit hinein. Mit einem weiteren Finger reibt er meine Klitoris. Ich weiß, was er vorhat. Ich soll die Kontrolle verlieren, bevor Adam in meinem Mund kommt. Der aufsässige Teil in mir will das jedoch nicht zulassen, und ich sauge noch fester und wende all die kleinen Tricks an, die ich kenne, um Adam zum Höhepunkt zu bringen.

Adam greift in meine langen Locken und hält meinen Kopf fest, während er in mich abspritzt. Schließlich lockert er seinen Griff und seufzt: »Das war wundervoll!« Aber ich kann ihn kaum hören, weil David mich immer weiter erregt. Meine Muskeln schließen sich um seinen Finger, und ich komme. Beinahe schluchze ich vor Dankbarkeit und Lust, weil mein Ehemann mir diesen wundervollen Augenblick schenkt. Ich sinke nach vorn in Adams Schoß, und sein Schwanz, der langsam schlaffer wird, drückte sich an meine Wange.

»Du kannst jetzt herauskommen«, sagt David zu mir, und ich krabble auf leicht zitternden Gliedern unter dem Tisch hervor. Er nimmt mich in die Arme. Mir ist klar, dass er der Einzige in unserem Trio ist, der noch nicht befriedigt wurde, aber es wird sicher nicht mehr allzu lange dauern, bis ich auch das in Ordnung gebracht habe.

»Und, Adam«, sagt David, »glaubst du, du kannst mein kleines Luder so behandeln, wie sie es braucht?«

Adam nickt und lächelt, und ich weiß, dass ich erfahren werde, was es wirklich heißt, zwei so unterschiedlichen Herren zu dienen. Ich kann nicht glauben, wie sehr ich mich darauf freue.

Anscheinend haben also sowohl David als auch ich

bekommen, was wir wirklich wollten, denke ich, als ich nackt in die Küche gehe, um für uns drei Kaffee zu machen. Er konnte mich dieser Herausforderung aussetzen, und ich konnte so enthusiastisch darauf reagieren. Ab nächster Woche schicke ich Adam E-Mails, in denen ich ihm alle meine Fantasien mitteile, die ich bisher vor ihm verborgen habe. Und wenn ich das nächste Mal auf die Knie gehe, um ihm einen zu blasen, wird es vielleicht unter seinem Schreibtisch sein. Und die Sekretärin sitzt auf der anderen Seite der unverschlossenen Bürotür.

Avery sagt

Sommer Marsden

Auf der Party kann ich mal wieder meinen Mund nicht halten. Ich kann es wirklich nicht. Ich sehe eine Möglichkeit und quatsche drauflos. Ich teste meine Grenzen aus.

»Man sagt, im Durchschnitt nimmt jeder Mensch ein Pfund im Jahr zu«, sagt Thomas, und ich versuche mir wirklich, auf die Zunge zu beißen. Ich klemme sie buchstäblich zwischen meine kräftigen weißen Zähne.

Aber es rutscht mir trotzdem heraus. »Du hast es immer schon übertrieben, Liebling«, sage ich und tätschle seinen gar nicht so dicken Bauch. In zehn Jahren hat er vielleicht fünf Pfund zugenommen. Dick ist er nun wirklich nicht. Er hat meine scharfe Bemerkung nicht verdient. Und doch mache ich sie. Und um alles noch zu verschlimmern, streichle ich seinen Bauch, als ob er Buddha wäre.

Meine Tante Ann zuckt zusammen. Tante Mary errötet und senkt den Blick, als wäre meine Grausamkeit ansteckend. Thomas runzelt die Stirn und errötet vor berechtigtem Ärger, aber er hebt nicht die Stimme. Er entfernt auch nicht meine streichelnde Hand von seinem dunkelblauen Hemd, und er beleidigt mich auch nicht. Er erwidert nicht, dass ich auch nicht mehr Kleidergröße 36 trage, wie früher einmal. Oder dass meine Brüste nicht mehr geradeaus nach Norden zeigen. Er erwähnt nicht die silbernen Strähnen in meinen blonden Haaren. Er lächelt mich an.

Er *lächelt* mich an.

Und Furcht schießt mir die Wirbelsäule entlang wie ein Stromstoß. Panische Funken zucken über meine Haut. Und meine Möse wird lebendig, warm, fest und nass, und das nur wegen dieses Lächelns. Dieses Lächeln bedeutet nämlich, dass ich Probleme bekomme. Meine Nippel richten sich auf, und ich bemühe mich, vor meinen Tanten zu verbergen, dass mich ein Schauer überläuft.

»Ich bringe dir noch einen Wein«, sagt mein Mann leise.

Ich beiße mir auf die Lippen, zupfe an meinem Kleid, berühre meine Ohrringe, fahre über meine Strümpfe. Pochende Erregung steigt in mir auf. Mir ist auf einmal schwindlig und heiß, ich bin erregt und verängstigt zugleich. Ich habe ehrlich gesagt das Gefühl, jetzt hier, im Esszimmer meiner Mutter, im weichen Glanz der Weihnachtskerzen und unter den kritischen Blicken der entfernten Verwandten zu kommen. Der Gedanke allein bringt mich schon beinahe zum Orgasmus.

»Und wie geht es den Jungen?«, frage ich meine Tanten. Ich schaue auf die Uhr, während sie antworten. Ich höre ihnen gar nicht zu.

Thomas lässt mich fast zwei Stunden warten, dann

flüstert er mir ins Ohr: »Wenn du deinen frechen kleinen Arsch nicht innerhalb von fünf Minuten ins Auto schiebst, wird es noch zehnmal schlimmer als alles, was du erwartet hast.« Unter dem Vorwand, mich an sich zu ziehen, kneift er so fest in meine rechte Arschbacke, dass mir die Tränen in die Augen schießen und ich nach Luft ringe. Ich nicke, damit er weiß, dass ich verstanden habe, und verabschiede mich hastig von den anderen.

Im Auto sagt er kein Wort. Er hebt mein schwarzes Kleid an und überprüft alles. Ich trage Strümpfe und Strumpfgürtel. Er steckt mir einen Finger zwischen die Beine, um zu testen, wie nass ich bin. Damit bereitet er mir keine Lust, sondern überprüft nur meine Willigkeit, wie ein Mechaniker den Ölstand misst: distanziert. Professionell. Ich zucke jedoch unter seiner Berührung trotzdem zusammen.

»Du weißt, dass wir mit fünfzehn beginnen. Gib mir keinen Grund, die Zahl zu erhöhen, Avery. Heute Abend rutscht mir leicht die Hand aus. Was du getan hast, ist ohne Worte. Das weißt du.«

Ich nicke, und jetzt fließen die Tränen. Was habe ich getan? Warum habe ich es getan? Was habe ich mir nur dabei gedacht? Aber darunter pocht es in meiner Möse, und die Angst macht alles nur noch besser – viel intensiver, schärfer und realer.

»Ich weiß.«

Schweigend fahren wir nach Hause.

Ich rutsche auf meinem Sitz hin und her, während die Heizung heiße Luft über meine Knie bläst. »Sitz still«, befiehlt er.

Also tue ich es.

In der Einfahrt schaltet er den Motor aus und kramt im Handschuhfach. Er lässt mich warten, und die Drohung schnürt mir die Kehle zu. »Geh auf die Veranda, Avery.« Seine Stimme ist leise, aber bedrohlich. Ich steige aus und gehe auf die Veranda. Ein kleines Betonquadrat, eingerahmt von einem schwarzen, schmiedeeisernen Zaun. Zwei kleine Stühle und ein Bistrotisch stehen hier. Über meinem Kopf brennt die Verandalampe, so dass ich in der dunklen Dezembernacht im Scheinwerferlicht stehe.

Thomas mustert seine Schlüssel, als er den Weg entlangkommt. Ich kneife die Schenkel zusammen, aber das verstärkt den Druck in meiner Muschi nur noch. Mein Verlangen wird schlimmer. Meine Angst wird schlimmer. Ich versuche, tief durchzuatmen, aber es geht nicht. Er kommt die Stufen herauf und sieht mich an. Seine großen braunen Augen sind voller Liebe, aber seine Stimme ist streng, als er sich auf einen Stuhl setzt und befiehlt: »Über meine Knie, Avery.«

Ich schlucke. Hier draußen? Im Freien? Auf der Veranda? Es ist schon spät, aber noch nicht *so* spät. Um diese Jahreszeit könnten viele Leute noch wach sein, junge Eltern, die Weihnachtsmann spielen, einsame Menschen mit Schlafstörungen, das ältere Ehepaar, das immer so lange aufbleibt, Popcorn isst und Weihnachtsfilme anschaut. Ich ziehe scharf die Luft ein. Er macht Scherze. Er macht bestimmt Scherze.

Mein Mann blickt mich an und lächelt. »Na los. Auf der Stelle. Sonst werden es zwanzig, und wir machen es mitten auf der Straße unter der Straßenlaterne.« Er klopft auf seinen Schoß, und ich sinke auf die Knie. Der Betonboden reibt über meine dünnen Strümpfe, sie zerreißen an den Knien wie bei einer Hure. Ich lege mich über seinen Schoß. Das Licht und das Wort *Hure* machen meine Möse tropfnass, Schamesröte steigt mir in die Wangen.

Mein Mann beginnt mit dem Spanking. Während der ersten sieben Schläge summt er. Ich winde mich und trete aus. Der Schmerz ist schön. Meine Möse krampft sich zusammen, meine Strümpfe zerreißen immer mehr.

»Du hältst besser still, sonst hängen dir die Knie in Fetzen, bis ich fertig bin.« Beim achten Schlag zischt er: »Acht Schläge für das Mädchen mit der frechen Zunge. Avery sagt Dinge, die sie nicht sagen sollte. Avery sagt Dinge, um zu schockieren ...« Er schweigt, und die Schläge prasseln härter und schneller auf mich herunter. Hitze durchströmt mich, und meine Muschi tanzt und bettelt. *Fick mich, fick mich, fick mich,* denke ich wie ein Mantra.

»Es tut mir leid«, sage ich.

»Halt den Mund. Ich will nicht wissen, was Avery jetzt zu sagen hat«, erwidert er und schlägt mich genau auf meine Ritze. Mein Kopf fliegt zurück, und ich heule auf. Aus den Augenwinkeln heraus sehe ich eine Bewegung am Fenster im Nachbarhaus. Ich weiß, dass er mich beobachtet. Mein Nachbar, Mr Berger: Er kann mich sehen. Mr Berger ist Witwer, und jetzt beobachtet er mich. Aber der dreizehnte Schlag wischt diesen Gedanken weg.

Als Thomas seine Finger in meinen Schritt schiebt und hart in mich hineinstößt, ist der Gedanke jedoch wieder da. Er sieht es. Alle sehen es. Alle werden sehen, wie er mir den Hintern versohlt, und ich bettle und flehe und komme. Gott, er wird sehen, wie ich komme. Der vierzehnte und fünfzehnte Schlag sind zwar fester, aber langsamer, und dann dringen seine Finger in mich ein, direkt an den süßen geschwollenen Punkt in mir. Ich werfe den Kopf zurück, als ich komme, und sehe in Gedanken, wie Mr Berger mich beobachtet, seinen Schwanz streichelt und abspritzt, während Thomas der ganzen Welt zeigt, wie ungezogen ich bin, wie ich dafür bestraft werden muss und wie süß ich kommen kann.

Mein Arsch steht in Flammen, meine Haare hängen bis auf den Betonfußboden herunter. Thomas zieht seine Hand weg, als ich meine Wange an seinem steifen Schwanz zu reiben beginne. Ich stoße mit meiner Hüfte an sein Bein, reibe mich an ihm. Es soll noch nicht vorbei sein, und das zeige ich ihm.

»Ich gehe mit dir hinein. Du böses Mädchen. Du dreckige Hure. Und dann? Was wirst du dann tun? Was tun Huren?« Seine Stimme ist so laut, dass jemand, der uns zuhört, alles verstehen kann.

»Ich gehe auf die Knie«, sage ich atemlos.

»Du gehst auf die Knie. Auf deine aufgeschürften Knie und …«

»Ich lutsche deinen Schwanz. Oh, bitte, Thomas!« Auch meine Stimme ist laut.

Er schließt die Tür auf, und ich ziehe mir nicht das Kleid herunter über meinen feuerroten Arsch. Meine

Knie brennen köstlich. Mein Körper ist in Aufruhr. Wir sind kaum drinnen, als ich auch schon in die Knie sinke. Lächelnd öffne ich meinen Mund, und dann fickt Thomas mein Gesicht. Sein Schwanz gleitet zwischen meine Lippen, und er zieht mich an den Haaren.

»Avery sagt immer so schlimme Sachen«, sagt er, als er kommt. Ich benutze dieses Mal meine Zunge für etwas anderes als für bissige Bemerkungen. Ich lecke ihn immer weiter, bis er mich aufhält.

Es kommt noch mehr, das weiß ich. Er wird mich ficken, säubern, meine Wunden versorgen. Mich lieben. Bis ich das nächste Mal den Mund aufmache und die falschen Sachen herauskommen. Und dann wird er mich bestrafen.

Die Sub-Fee

Mercy Loomis

Gäste strömten in den Saal, und die Luft war erfüllt von Stimmengewirr. She-Ra scherzte mit einem Typen in einem weißen Laborkittel. Ein Mädchen, das seine Zigarettenspitze gegen einen Becher Punsch eingetauscht hatte, saß auf den Knien von Darth Maul. Mein Mann Sean war wie gewöhnlich ganz in Schwarz gekleidet, aber mit Cape und Tunika über seinem Dichterhemd, und unterhielt sich mit einem Mann, der als sein eigener böser Zwilling verkleidet war, über Computer. Sean beugte sich vor, gestikulierte mit einer Hand, und der Mann nickte nachdenklich.

Ich saß still auf dem Boden zu Seans Füßen und tat so, als würde ich ihm zuhören. Von den Halloween-Kostümen einmal ganz abgesehen war es eine prosaische Szene, ein ganzes Haus voller Leute in den Dreißigern, die aßen, tranken und über Politik redeten.

Es war auf jeden Fall keine Situation, in der ich normalerweise vor Erregung bebte.

Mein Kostüm war ein Gothic-Traum, eine Art Zwielicht-Fee ohne Flügel mit einem dunkelblauen, schimmernden Rock, einer schwarzen, schulterfreien Bluse und einem Korsett in Dunkelblau und Silber. Eine silberne Halbmaske verbarg mein Gesicht, zeigte aber doch so viel, dass ich meinen Gesichtsausdruck ständig kontrollieren musste.

Seans andere Hand war unter dem schwarzen Spitzenschleier verborgen, der an meiner Maske befestigt war und über meinen Rücken bis zur Taille hing. Seine Hand lag schwer und besitzergreifend auf meinem Nacken, und ab und zu zupfte er an dem Choker, den ich trug, oder zog mich an den Haaren näher an sein Knie heran.

Mitten in diesem vollen Raum hatten wir ein Vorspiel. Und niemand wusste es.

Ich *liebte* es.

Bewusst hatte ich sexuell nie mehr gewollt als das, was ich bereits hatte. Ich führte eine glückliche Ehe, und mir fehlte nichts. Natürlich machten Filme oder Bücher über Bondage und Domination mich heiß, aber ich kam nicht auf die Idee, es selbst einmal ausprobieren zu wollen.

Und doch hatte ich häufig Fantasien darüber, gefesselt und hilflos zu sein und genommen zu werden.

Ich weiß nicht, was mir den Mut gegeben hat, es zu sagen, aber ich kann mich noch gut erinnern, was der Auslöser war. Ein Buch, ein »Hausfrauen-Porno«, wie Sean sagen würde, eine Liebesgeschichte voll mit wundervollen BDSM-Dingen, die sich in meinem Kopf tummelten.

Die Vorstellung, um Erlaubnis zu bitten, kommen zu dürfen, war zwar nicht neu, aber ich hatte so etwas noch nie gemacht. Etwa eine Woche nachdem ich das

Buch ausgelesen hatte, presste ich die Worte heraus, als Sean meine Klitoris streichelte und die ersten Schauer durch meinen Körper rannen.

»Darf ich kommen?«

Sean hielt kurz inne, und dann sagte er: »Ja.« Ich merkte zwar, dass es auch ihm einen Kick gab, aber hinterher redeten wir nicht mehr darüber.

Mir hatte es jedoch gefallen. Und ich glaube, ihm auch.

Also versuchte ich es noch einmal.

Es war nicht geplant. Wir lagen im Bett, und ich hatte wie so oft gefragt: »Was hättest du denn gerne?« Er hatte sich auf den Rücken gerollt und gesagt: »Wie wäre es, wenn du mir einen bläst?« Ich hatte mich neben das Bett gekniet, den Kopf gesenkt und leise gesagt: »Du könntest es mir *befehlen.*«

Dieses Mal fiel es mir leichter, was in gewisser Weise seltsam ist, weil es wesentlich offenkundiger ist, von »befehlen« zu sprechen, als in der Hitze des Moments zu fragen, ob man kommen darf. Aber wieder hing Erregung in der Luft, und als ich verstohlen einen Blick auf Seans Gesicht warf, sah ich darin nur Lust.

Ich bin definitiv oral fixiert, und mein Mann liebt das. An jenem Abend schenkte ich seinem Schwanz eine volle Stunde lang Aufmerksamkeit. Ich begann langsam, mit leichten Küssen, die intensiver wurden. Dann fuhr ich mit der Zunge um seinen Schaft, blies leicht auf seine Eier, liebkoste sie mit Fingern, Lippen und Zunge. Dann wandte ich mich wieder seinem Schwanz zu, fuhr mit der Zunge über die gesamte Länge, knabberte an der

Haut um die Eichel und zog ihn schließlich ganz in meinen Mund.

Er kam hart und heftig, während ich seinen Schaft an meinem Gaumen rieb. Ich drückte seine Eier und bearbeitete ihn mit meiner Zunge, wobei ich zufrieden auf sein lautes Stöhnen lauschte. Und als sein Orgasmus verebbte und er schlaff wurde, ging ich ins Badezimmer, um mir den Mund auszuspülen. Anschließend kam ich glühend vor Stolz wieder zurück.

Ich wusste, ich hatte ihm Lust bereitet, und dieses Wissen befriedigte mich.

An jenem Abend unterhielten wir uns noch lange.

Jetzt, drei Monate später, saß ich zu seinen Füßen. So ganz deutlich wurde meine devote Haltung nicht. Es herrschte Platzmangel, und mein Korsett zwang mich, gerade zu sitzen, aber ich kam mir trotzdem so vor, als wäre mir auf die Stirn geschrieben: *Das ist mein Dom. Meiner, meiner, meiner.*

Ich wusste, dass ich in meinem Märchengewand wunderschön war. Die Maske verbarg zwar einen Teil meines Gesichts, aber das leise Lächeln, das meine Mundwinkel umspielte, machte mich geheimnisvoll. Das Mieder betonte meine Kurven, vor allem meine Brüste. Meine Beine hatte ich unter dem Stoff der Röcke verborgen, meine Hände in langen schwarzen Handschuhen lagen entspannt in meinem Schoß. Die Schultern hielt ich stolz aufrecht und gestrafft, aber mein züchtig gesenkter Kopf verkündete meinem Gefühl nach jedem, dass meine ungeteilte Aufmerksamkeit nur Sean galt.

Ich stellte mir vor, wie ich aussehen musste, und die

Wirkung gefiel mir. *Vielleicht hätte ich am Choker noch eine kleine Silberkette befestigen sollen,* überlegte ich. *Schließlich könnte ich ja eine gefangene Fee sein.*

Bei der Vorstellung, eine Art lebendes Accessoire für sein Kostüm zu sein, wurde ich erschreckend nass. Ich verstand eigentlich nicht, warum, aber nachdem ich mich monatelang mit dieser Frage herumgeschlagen hatte, hatte ich es letztendlich akzeptiert. Ich stellte mir die hübsche Silberkette vor und bebte vor Erwartung, bis wir endlich nach Hause fahren konnten.

Ich folgte Sean zum Auto und setzte mich auf den Beifahrersitz. Als Sean losfuhr, wollte ich die Maske abnehmen, aber er hielt mich davon ab.

»Lass das«, sagte er. Seine Stimme hatte jenen heiseren, stählernen Klang, der mir sagte, dass er mich noch weiter beherrschen wollte. »Leg deinen Sitz zurück.«

Ich gehorchte und schob den Schleier über die rechte Schulter, damit er ihm nicht den Blick versperrte. Seine Hand glitt unter meine Röcke.

»Spreiz die Beine.«

Ich spreizte sie so weit, wie ich konnte, den rechten Fuß auf dem Armaturenbrett, das linke Knie gebeugt, den Rock hochgezogen. Ein Höschen trug ich nicht. Das hatte er mir verboten.

»Das ist ja ein nasses kleines Spielzeug«, schnurrte er, als wir den Highway entlangfuhren. »Hat es dir gefallen, so nett und devot dazusitzen?«

Seine Finger streichelten mich, tauchten in mich, umkreisten meine Klitoris, immer und immer wieder. »Oh ja«, stöhnte ich. Ich begann bereits zu zittern.

»Und willst du so richtig laut für mich kommen?«

Er fragte das nur, weil er mich so gerne antworten hörte. »Ja.«

»Gut.« Seine Berührungen wurden leichter. Er hielt mich in der Schwebe, der Bastard, so dass ich immer kurz davor stand, aber nicht kommen konnte. Bei jeder gelben Ampel hielt er an, und ich brannte lichterloh unter seinen Fingern, bis er fünf Blocks von zu Hause entfernt schließlich sagte: »Komm für mich.«

Ich schrie immer noch, als er in die Einfahrt einbog.

Morgen würden wir den Rasen mähen, die Wäsche machen, das Haus putzen und all die anderen Dinge tun, die man an einem Wochenende erledigen muss. Vielleicht machten wir auch unseren Großeinkauf oder fuhren ins Kino, alles Dinge, die wir immer schon gemacht hatten.

Aber im Hinterkopf wussten wir, dass er mich jederzeit packen und über die Couch drücken konnte, dass er mir sagen konnte, ich solle mich hinknien, und ich würde es bereitwillig tun.

Eine Ehe kann gar nicht besser sein.

Ich hauche deinen Namen

Tess Danesi

Ich wache auf, weil etwas fehlt. Normalerweise presst sich Dars harter Brustkorb an meinen Rücken, sein Atem gleitet warm über meine Schulter, und sein Arm liegt schwer über meiner Brust. Er ist schwer, manchmal bedrückend, manchmal tröstlich. Ob es an seiner Größe liegt – mit eins neunzig blickt er auf die meisten Sterblichen herunter – oder an der Schwermut, die er oft verspürt, ich bin es gewöhnt, von ihm völlig eingehüllt zu werden. Aber ich liebe dieses Gefühl.

Als ich mich räkle und dabei das Gewicht meiner schweren Brüste spüre, deren Nippel sich im kühlen Lufthauch der Klimaanlage aufrichten, fällt mir ein, dass er mir vor Stunden – jedenfalls kommt es mir so vor – ins Ohr geflüstert hat: »Komm, Schätzchen, lauf heute früh mit mir.« Ich blicke auf die Uhr auf dem Nachttisch. Es ist erst sieben Uhr. Ich kann mich nicht erinnern, ob ich ihm geantwortet habe. Ich liebe meinen Schlaf und werde nur langsam wach. Und es ist Wochenende; ich muss ja nicht aufstehen. Dar jedoch ändert seine Routine selten. Wenn er gegen fünf aufgestanden ist, habe ich mich wahrscheinlich einfach umgedreht, etwas

Unverständliches gestöhnt und bin sofort wieder eingeschlafen. Er musste also allein laufen, aber das ist auch nur richtig so. Ich bin über zwanzig Zentimeter kleiner als er und bei Weitem nicht so schnell, zumal Dar rennt, als wollte er sich bestrafen. Ich ziehe Yoga vor. Wenn ich bestraft werden möchte, muss ich Dar nur reizen, dann bestraft er mich auf eine Weise, die mich auf einem wesentlich tieferen Level befriedigt.

Ich setze mich auf, streiche mir meine braunen Haare aus dem Gesicht und setze meine Füße auf die dicken Orientteppiche vor unserem Bett. Dar liebt es, sein Geld für Komfort auszugeben. Seinen sadistischen Neigungen kann er mit mir nachgehen.

Obwohl es Mitte Juli ist, zittere ich in der kalten Luft der Klimaanlage. Ich streiche mit den Handflächen über meine Arme. Ich schließe die Augen und genieße die Berührung meiner weichen Haut. Aber sofort muss ich an Dars raue Berührungen denken. Der Beweis seines Sadismus – oder eigentlich meines Masochismus – zeichnet sich auf meinem Körper oft deutlich ab, so dass ich an den meisten Wochentagen meine Kleidung sorgfältig wählen muss. Ich liebe jeden der blauen Flecken, die wochenlang auf meiner Haut zu sehen sind. Wenn ich darauf drücke, bringt der dumpfe Schmerz die Erinnerung an seine Berührung zurück, aber mir ist schon klar, dass andere das wahrscheinlich anders sehen. Ich stehe auf und hülle mich in den leichten Baumwollbademantel, der über der Lehne des Clubsessels liegt.

Als ich mich dem Badezimmer nähere, höre ich die Dusche und schließe einen Moment lang die Augen. Ich stelle mir Dar vor, mit seinen nassen schwarzen Haaren, von denen das Wasser über seine glatte olivbraune Haut am Rücken rinnt. Bei dem Gedanken zieht sich meine Möse lustvoll zusammen.

Meine Klitoris pocht, als ich mich an all die anderen Szenen erinnere, die in diesem Badezimmer stattgefunden haben. Damals, als er zu mir in die Dusche gekommen ist, weil ich die erste Regel verletzt hatte: den Ventilator anzustellen, wenn ich unter der Dusche stehe. Zur Strafe drehte er die Temperatur von herrlich warm auf eiskalt. Aber wie so häufig bei Dar folgt auf Schmerz Lust. Dass ich den Schmerz aushalte und sogar Lust darin finde, verwirrt meine beste Freundin Maggie. Es verwirrt mich ja selbst manchmal. Aber Dar wickelte anschließend meinen zitternden Körper in ein flauschiges Badetuch und trug mich zum Bett. Als sein warmer Körper sich an mich presste, ließ das Zittern nach, und meine Zähne hörten auf zu klappern. Ich gab mich einfach meinen Empfindungen hin. Schließlich drehte er mich auf den Bauch, zog meine Hüften hoch und stieß in mich hinein. Seine Stöße wurden zunehmend brutal, und unter seinem harten Schwanz schmolz meine eisige Wut, bis alle Qual Lichtjahre weit entfernt zu sein schien. Das ist Dars Magie. Wie der Wind den Rauch aus dem Schornstein davonträgt, so vergehen unter seinen Berührungen und seinen zärtlichen Worten voller Liebe alle Schmerzen.

Ich weiß, wie das klingt. Sie denken wahrscheinlich: *Ach, das arme verblendete Ding, sie wird missbraucht und weiß es noch nicht einmal.* Aber ich versichere Ihnen, das ist nicht der Fall. Ich bin diese Beziehung zu Dar vor über zwei Jahren sehenden Auges eingegangen. Ich wusste über seinen Sadismus Bescheid. Er hat mich nie darüber im Unklaren gelassen, im Gegenteil, er hat sich sogar noch schlimmer gemacht, als er in der Realität ist. Und von Anfang habe ich mich danach gesehnt. Das tue ich jetzt noch. Zwar hat noch niemand zuvor mir Schmerzen zugefügt wie Dar, aber es hat mich auch noch nie jemand so angebetet. Er behütet und beschützt mich und passt auf, dass niemand mir ein Leid zufügt.

Manchmal ist er zu weit gegangen, manchmal war mein Vertrauen in ihn erschüttert, und ich wusste nicht, ob wir es jemals wieder herstellen konnten. Durch ihn habe ich herausgefunden, dass mein Herz gar nicht so leicht und liebevoll ist, wie ich es gerne hätte. In diesem Badezimmer habe ich bittere Tränen vergossen und mir überlegt, wie ich ihn leiden lassen könnte. Ich hielt schon sein Rasiermesser in der Hand, um es ihm im Schlaf an die Kehle zu halten. Nicht um ihn zu schneiden. Nein, das nicht. Aber ich wollte, dass er angstvoll die Augen aufriss, ich wollte sehen, wie seine kühle, kontrollierte Fassade bröckelte – in der fehlgeleiteten Hoffnung, dass er dann verstehen würde, was ich alles für ihn erduldete. Natürlich hätte ich wissen müssen, dass das kein gutes Ende nehmen würde. Aber auch diese Zeiten haben wir gemeinsam überstanden. Ich kann allerdings nicht sagen, dass er mich jetzt fürchtete; wir wissen beide, dass die einzige Gefahr in jener Nacht darin bestand, dass mir das Rasiermesser aus Versehen aus der zitternden Hand gefallen wäre.

Jetzt möchte ich dem Mann, den ich liebe, nur beim Duschen zuschauen, ein Akt, der mich unweigerlich aufs Höchste erregt. Und wenn er fertig ist, möchte ich jeden Zentimeter seines perfekten Körpers mit der Zunge abtrocknen. Ich stelle mir vor, wie meine spitze rosa Zunge an seinem Schritt verweilt und dann langsam die Wassertropfen aufschleckt, bevor sie zu seinen schweren Eiern gleitet und den Moschusduft aufnimmt.

Der Ventilator müht sich redlich, aber Dar duscht immer so heiß, dass Dampfschwaden das Badezimmer erfüllen, als ich eintrete. Ich schließe die Tür hinter mir und lehne mich dagegen. Ich betrachte Dar. Er steht hinter der Glaswand der Dusche unter dem Wasserstrahl, der mit Hochdruck aus den zwei Duschköpfen an der Decke dringt. Er bemerkt mich nicht, weil er mir den Rücken zuwendet, so dass ich seinen muskulösen Hintern bewundern kann. Während ich stumm zuschaue, wäscht er sich, und ich betrachte das Spiel seiner Muskeln.

Aber er muss gespürt haben, dass ich da bin, denn er dreht sich abrupt um.

»Bist du endlich wach, mein fauler Schatz«, sagt er.

»Dar, du wolltest doch nicht wirklich, dass ich mit dir joggen gehe. Du weißt doch, dass das viel zu frustrierend für uns beide ist.«

»Ich hätte dich nicht gefragt, Tess, wenn ich dich nicht hätte dabeihaben wollen«, erwidert er und streckt einen Arm aus.

Ich gehe auf ihn zu, er packt mich und zieht mich hinein.

»Dar, nein, ich bin doch im Morgenmantel.« Aber es

ist müßig, das zu erwähnen. Ich bin schon völlig durchnässt, und es ist mir egal.

Er hebt mich hoch und drückt mich fest gegen die Marmorwand, die trotz des heißen Wassers noch kühl ist. Ich schlinge meine Beine um seine Taille. Er hat die Hände flach an die Wand gedrückt, die Finger hinter meinem Nacken verschränkt. Mein Kinn sinkt auf seine Schulter, und ich lecke zu seinem Ohr herauf. Ich fühle, wie sein Schwanz hart wird, und der Gedanke daran, wie er in mich hineinstößt, macht mich wild. Fester als geplant beiße ich in sein Ohrläppchen. Er zuckt nicht zurück, sondern flüstert nur: »Du willst es also grob, Tess?« Noch fester drängt er mich mit den Hüften an die Wand. Mit seinen großen Händen dirigiert er seinen Schwanz in meine nasse Möse. Ich seufze tief auf vor Erleichterung und Befriedigung, aber das ist der letzte Laut, den ich von mir gebe, bevor seine Hände sich um meinen Hals legen.

Er blickt mich mit seinen dunklen Augen an, und mit seiner tiefen Stimme sagt er leise: »Mittlerweile solltest du es wissen, Tess. Ich zahle Schmerz immer mit Schmerz zurück.«

Selbst als seine Hände sich fester um meinen Hals schließen, kann ich den Blick nicht von ihm wenden. Ich bin nicht sicher, was ich in seinen Augen sehen möchte. Manchmal werden sie so kalt, dass ich weiß, er blickt über mich hinaus in die dunklen Abgründe seiner Seele. Manchmal jedoch beobachtet er mich, um meine Reaktion abzuschätzen, damit er weiß, wann er aufhören muss.

Meine Finger krallen sich ebenfalls in seinen Hals. Ich weiß, dass ich tiefe Kratzer hinterlassen werde. Ich bin außer mir vor Angst, und in Gedanken schreie ich: *Nicht sicher, das ist nicht sicher, du könntest sterben, er wird dich nie sterben lassen, nein, nicht sicher, stopp*. Aber ich kriege keine Luft, ich kann nicht sprechen. Meine Kommunikation ist auf das beschränkt, was er in meinen Augen sieht und am Druck meiner Finger spürt. Als ich überhaupt keine Luft mehr bekomme, fühlt sich jeder Stoß von ihm umso intensiver an. Ich weiß, dass ich jetzt kommen könnte. Die Muskeln in meiner Möse drücken seine Erektion so fest wie seine Finger meinen Hals. Der Luftmangel, sein intensives Starren und die Hitze machen mich ganz benommen, fast wie im Delirium. Ich kann nicht atmen. *Wie lange schon? Nicht sicher, nicht sicher, nicht sicher,* schreit es in meinem Kopf.

Dann blickt er einen Moment lang zur Seite und flüstert mir ins Ohr: »Mein Atem wird die erste Luft sein, die du schmecken wirst, du Luder. Komm jetzt; komm, wenn du meine Lippen auf deinen spürst. Komm.«

Erneut blicken seine dunkelbraunen Augen mich durchdringend an, als seine Lippen sich auf meine legen. Meine Muskeln ziehen sich heftig um seinen Schwanz zusammen. Meine Augenlider flackern, und mein Kopf sinkt gegen die Marmorwand. Der Druck auf meinen Hals lässt nach, und ich ringe keuchend nach Luft, als sein Atem in meinen Mund und meine Lungen dringt. Es fühlt sich an, als ob er mir Luft schenkt.

Mein Körper wird schlaff, und ich kann mich nicht mehr an ihm festhalten. Er lässt mich an der Marmorwand heruntersinken und vergewissert sich, dass ich stehen kann, bevor er mich loslässt. Ich trete wieder in den Wasserstrahl und lasse das heiße Wasser auf mich herniederprasseln. Mein dünner Morgenmantel fühlt sich auf einmal so schwer an, dass ich ihn von den Schultern gleiten lasse. Gebannt schaue ich zu, wie das Wasser wirbelnd im Abfluss verschwindet.

Als ich wieder aufblicke, sehe ich, dass er mich beobachtet. »O Gott, Dar«, wimmere ich heiser. Meine Kehle ist immer noch rau von dem Druck.

»Wie passend, dass das erste Wort, das du mit meinem Atem sprichst, Gott ist«, antwortet er. Seine Miene ist gleichmütig und ruhig, als ob er es völlig ernst meinte, aber wir wissen beide, dass es nicht so ist.

»Ja, Liebster, ich existiere nur für dich, nur weil es dich gibt«, erwidere ich und rolle die Augen.

Er wirft mir einen kühlen Blick zu, und ich denke, ich habe vielleicht meine Grenzen übertreten. Mit seinen großen Händen drückt er mich erneut gegen die Wand.

»Ich glaube nicht, dass ich das noch einmal durchmachen kann. Bitte, Dar, nicht sofort wieder«, sage ich in der Hoffnung, dass er Mitleid mit mir hat.

Sein Gesicht, das gerade noch so streng war, lächelt jetzt. »O doch, mein Schatz«, sagt er und sinkt auf die Knie, um die geschwollenen Falten meiner Schamlippen zu öffnen. »Ich habe die Absicht, dir erneut den Atem zu rauben.«

Vor langer Zeit

Heidi Champa

Die Karte war vor Wochen mit der Post gekommen, und ich hatte sie ignoriert. Seit meinem Examen waren zehn Jahre vergangen, und ich hatte keine Lust, dorthin zu fahren und mir anzusehen, was aus allen geworden war. Die Leute, die ich sehen wollte, sah ich, und den Rest mied ich, wie es normale Menschen eben tun. Aber dann beschloss ich wider besseres Wissen, doch teilzunehmen. Immerhin gab es kostenlos zu essen und zu trinken. Ich würde ein paar Stunden bleiben und dann nach Hause fahren.

Wenn ich ehrlich war, wollte ich nur eine einzige Person treffen, aber als ich zusagte, war mir klar, dass die Chance nur gering war. Ethan war der Letzte, den ich auf so einem blöden College-Treffen erwarten würde.

Ich hatte Ethan kennen gelernt, kurz nachdem ich auf das College gekommen war. Wir hatten nur wenige Worte miteinander gewechselt, es war seine Berührung, die Eindruck auf mich machte. Ich stand am Rand einer Gruppe und konnte den Handwagen voller Bücher, der auf mich zugerollt kam, nicht sehen, weil ich viel zu sehr damit beschäftigt war, ihn anzuschauen. Ethan zog mich auf die Seite, und seine Finger bohrten sich grob in meinen Arm. Am nächsten Tag hatte ich einen blauen Fleck in Form seines Daumens auf dem Bizeps. Ich war fasziniert. Der kleine Schmerz, der mich durchzuckte, wenn ich die Stelle berührte, ließ mein Herz höher schlagen. Kein Kuss, kein Händchenhalten hatte mir je Schmetterlinge im Bauch verursacht. Wenn eine einfache Berührung bei mir schon blaue Flecken hervorrief, wie würde es dann erst aussehen, wenn er ernst machte?

Wir sprachen nicht miteinander, bis wir uns im selben Shakespeare-Kurs wiederbegegneten. Er war älter und cooler als alle Jungen, die ich kannte. Ich starrte ihn die ganze Zeit an und wartete darauf, dass er sich umdrehte und in meine Richtung blickte. Und das tat er schließlich eines Tages auch. Noch nie hatte ein Blick mich so dahinschmelzen lassen. Ich saß da und versuchte, die Fassung zu bewahren. Während ich den Worten unseres Professors über die ersten Seiten von *Macbeth* lauschte, drehte Ethan sich um und blickte mich über die Schulter an. Seine braunen Augen bohrten sich in meine und sandten Stromstöße durch meinen Körper. Als der Kurs vorbei war, war mein Höschen nass, und ich hätte mich ihm am liebsten an den Hals geworfen. Aber das tat ich damals natürlich nicht. Bald jedoch fing Ethan an, sich mit mir zu unterhalten. Es waren zwar nicht gerade gehaltvolle Gespräche, aber sie schürten das Verlangen, das ich für ihn empfand. Erst als er mich wieder berührte, begriff ich endgültig, was er bei mir auslöste.

Unsere Beziehung war von Anfang an unkonventionell. Wir hatten keine wirklichen Verabredungen. Als Ethan mir das erste Mal nach dem Kurs in mein Zimmer folgte, gab es noch nicht einmal ein Gespräch. Er griff sofort nach meinen Brüsten und kniff in meine Nippel. Wir kamen stundenlang nicht mehr aus dem Bett. Er hielt meine Arme fest, als er an meinem Hals saugte und mir zum Beweis seines Besuchs einen großen Knutschfleck hinterließ. Weitere blaue Flecke von seinen starken Händen folgten, manche auf meinen Beinen, manche auf meinen Armen, Beweise seiner Lust auf meinem ganzen Körper.

Die Dinge gingen schnell voran, zumindest in körperlicher Hinsicht. Wir tauschten nur knappe, funktionelle Sätze aus, gerade genug, um aufrichtig zueinander zu bleiben. An ein ernsthaftes Gespräch mit Ethan konnte ich mich jedoch nicht erinnern. Ich erinnerte mich nur an das erste Mal, als mir klar wurde, dass ich alles tun würde, was Ethan mir befahl.

Er hatte angerufen, um Bescheid zu sagen, dass er in mein Zimmer kam. Er wollte, dass ich bereit war, aber ich hatte noch gelernt und wartete nicht auf meinem Bett, als er eintraf. Als ich seine Miene sah, weiteten sich meine Augen hinter der Brille. Er trat auf mich zu, nahm mir den Füller aus der Hand und setzte mir die Brille ab. Dann schob er meinen Stuhl zurück, ergriff meine Hand und zog mich zum Bett. Ich hatte zwar keine Ahnung, was passieren würde, aber das Herz klopfte mir bis zum Hals, als er mich über seinen Schoß zog. Meine Hose und Unterhose lagen auf dem Fußboden, noch bevor ich protestieren konnte.

»Ich hatte dir gesagt, du sollst fertig sein, wenn ich komme. Was hast du gemacht?«

Ich schluckte. Noch bevor ich eine Antwort formuliert hatte, spürte ich einen Schlag auf meinem entblößten Hintern.

»Was hast du gemacht?« Seine Stimme war tiefer als sonst und brachte mich zum Zittern, nicht vor Angst, sondern vor Erwartung dessen, was kommen würde.

»Gelernt. Ich habe gelernt«, stieß ich hervor. Seine Hand rieb leicht über meine Haut. Ich fühlte mich so heiß, so lebendig. Zum ersten Mal spürte ich, wie nass meine Möse war. Die Schamlippen rieben sich aneinander, glatt vor Feuchtigkeit, die seine Hand verursacht hatte. Seine Finger neckten mich, aber ich brauchte mehr. Ich wartete auf mehr.

»Wenn du für mich bereit sein sollst, heißt das nicht lernen. Es heißt, dass du im Bett liegst und nass bist. Vor allem habe ich dich gebeten, nackt zu sein. Oder?«

Wieder zögerte ich. Ein Teil von mir tat es absichtlich, um zu sehen, ob ich die gleiche Reaktion hervorrufen konnte. Und tatsächlich prasselte eine Folge von Schlägen auf meinen nackten Hintern. Die Haut brannte. Der Schmerz vermischte sich mit der Lust, und in diesem Moment wusste ich, dass ich mehr wollte. Er sollte mir immer weiter den Hintern versohlen. Ich spürte, wie er wieder ausholte, aber dann hielt er auf einmal inne und fuhr mit dem Finger durch meine Ritze.

Das sanfte Streicheln des Fingers lullte mich ein, bis ich mich entspannte. Und genau in diesem Moment packte er mich an den Haaren und zog mir fest den

Kopf zurück. Sein Gesicht war dicht vor meinem, sein Atem süß und feucht auf meiner Haut.

»Das gefällt dir, was? Du magst es, wenn ich dir den Hintern versohle.«

»Ja, ich mag es.« Ich konnte ihn nicht anlügen. Aber er wusste es sowieso, er wollte nur, dass ich es laut aussprach. Ich hingegen hatte nie im Leben geglaubt, dass ich so etwas einmal zugeben würde.

»Ich habe sofort gesehen, dass du es brauchst. Du bettelst ja förmlich darum.« Seine Finger glitten in meine tropfnasse Möse, und während er mich befingerte, schlug er weiter auf meinen brennenden Hintern ein. Der Schmerz vermischte sich perfekt mit der Lust, aber gerade als ich glaubte, kommen zu müssen, hielt er inne.

»Steh auf und zieh deine Bluse aus.« Mit zitternden Knien stand ich auf und tat es. Er stand vor mir, seine Hände glitten über meine Haut, ohne allerdings meine Nippel zu berühren. Dann drückte er mich herunter, bis ich vor ihm kniete. Ich wartete darauf, dass er mir seinen Schwanz hinhielt, aber stattdessen glitten seine Finger, die noch nass von meiner Muschi waren, in meinen Mund. Ich musste jeden einzelnen Finger sauber lecken. Dann packte er wieder meine Haare und riss meinen Kopf so grob zurück, dass ich aufschrie.

»Von jetzt an wirst du tun, was ich dir sage, oder?«

»Ja.«

»Sag es noch einmal.«

»Ja, ich werde tun, was du sagst.«

Er zog noch fester an meinen Haaren, und als ich den Mund öffnete, glitt sein Schwanz hinein.

An jenem Tag fickte Ethan mich so fest, dass ich hinterher kaum stehen konnte. Mein Arsch war drei Tage lang blau und schwarz. Meine Handgelenke waren aufgeschürft, weil er mich ans Bett gebunden hatte, und ich war am ganzen Körper von Ethan gezeichnet. Aber niemals erfuhr jemand, was in diesem Raum vor sich ging. Auch nicht, dass unsere Beziehung Jahre dauerte. Ich ging mit anderen Jungen aus, alberte herum. Aber Ethan war der Einzige, der wirklich wusste, was ich brauchte.

Der Abend unseres College-Treffens war genau so, wie ich es mir vorgestellt hatte. Ein riesiger Festsaal mit Gesichtern, von denen ich die meisten kaum wiedererkannte. Die wenigen Leute, die ich kannte, fanden mich schnell, obwohl ich mich in einer Ecke versteckte. Nachdem ich zwanzig Minuten lang sinnlos umhergewandert war, sah ich auf einmal Ethan am anderen Ende des Saals. Ethan. Er sah so gut aus wie eh und je. Er war kein alter Freund. Er war noch nicht einmal ein guter Bekannter. Er war einfach der beste Fick, den ich je gehabt hatte, der einzige Junge, der mir gegeben hatte, was ich wirklich wollte und brauchte. Er stand da am anderen Ende, trank Bier und unterhielt sich mit einem namenlosen Fremden. Seine Blicke glitten über die Menge, fielen direkt auf mich, wanderten aber gleich weiter. Wie früher würde er mich auch jetzt ignorieren, bis er bereit war, mich zu sehen.

In diesem Festsaal war Ethan eine mythische Gestalt, umgeben von lauter Sterblichen. Ich konnte beinahe meinen Augen nicht trauen. Ich wusste, dass er mich gesehen hatte, aber obwohl ich ihm quer durch den Saal mit Blicken folgte, reagierte er nicht. Schließlich, nach einer endlos scheinenden Unterhaltung, wandte er den Kopf und sah mich an. Seine Augen brannten sich in meine, und der Rest des Saals schien zu verschwinden. Er lächelte nicht, und man sah ihm nicht an, ob er mich erkannt hatte, aber ich wusste, dass er sich an mich erinnerte.

Mein Herz blieb fast stehen, als er auf mich zukam, und ich versuchte, mich so lässig wie möglich zu benehmen. Ich trank einen Schluck und blickte desinteressiert in die andere Richtung, als er mich streifte. Ich erwartete, dass er weitergehen würde, aber er blieb stehen und tat so, als betrachtete er ein altes Jahrbuch auf dem Tisch neben mir. Ich spürte, dass er mir etwas in die Hand drückte. Hitze stieg in mir auf, als er weiterging, und ich bekam kaum noch Luft. Rasch ging ich zur Toilette, aber erst in der Sicherheit der Kabine traute ich mich, meine Hand zu öffnen. Es waren ein Plastikzimmerschlüssel und ein kleines Stück Papier, auf dem stand: *Zimmer 1535, 15 Minuten.* Ich zitterte am ganzen Körper. Ethan wollte mich in fünfzehn Minuten in seinem Zimmer sehen. Ich ging noch mal in den Saal zurück und kippte rasch zwei Wodkas hinunter. Ich musste mir ein wenig Mut antrinken, obwohl ich doch so verzweifelt auf diesen Augenblick gewartet hatte. Es war schon so lange her, dass ich Ethans Berührungen gespürt hatte, und ich hatte nie mehr jemanden gefunden, der mir genau das geben konnte, was ich brauchte. Bei Ethan jedoch brauchte ich gar nichts zu sagen. Innerlich zitternd und bebend ging ich zum Aufzug, das Gesicht schon vor Erregung gerötet.

Ich steckte die Karte ins Schloss und drückte die Tür auf, als das grüne Licht aufleuchtete. Kühle Luft schlug mir entgegen, und ich sah, dass das Zimmer dunkel und unberührt war. Das einzige Zeichen von Ethan war ein Koffer auf einem Stuhl. Ich schloss die Augen. Ich konnte ihn riechen. Ich konnte es kaum erwarten, ihn zu sehen. Die Zeiger meiner Uhr bewegten sich so langsam, dass ich es kaum aushielt. Ich setzte mich auf die Bettkante, aber meine Nervosität ließ nicht nach. Ethan hatte mich damals verwandelt, und jetzt bekam ich die intensive Mischung von Angst, Erwartung, Lust und Erregung nicht aus meinem Körper.

Endlich hörte ich Schritte im Flur, das Klicken einer Plastikkarte im Türschloss. Ich hielt den Atem an, als Ethan eintrat. Er machte kein Licht, und der Schatten, der über sein Gesicht fiel, ließ ihn dunkel und gefährlich aussehen. Er strich mir über die Wange. Ich schloss die Augen bei seiner sanften Berührung. Mir war heiß in meinen Kleidern, und ich rutschte auf der Matratze hin und her.

»Ich war überrascht, dich hier zu sehen.« Seine Stimme war immer noch so leise und hart wie früher. Sein Finger glitt über meine Lippen und mein Kinn hinunter. Ich blickte ihn an. Er war so eine imposante Erscheinung. Wenn ich ihn nur anschaute, wurde ich schon nass.

»Ich wollte auch eigentlich nicht kommen, Ethan, aber dann dachte ich, ach, was soll's.«

Er verzog höhnisch die Mundwinkel.

»Lüg nicht. Du bist hierhergekommen in der Hoffnung, mich zu sehen, oder? Sag es mir.«

Ich brachte kein Wort hervor und nickte nur. Ich konnte ihn nicht anlügen. In meinen geheimen Gedanken hatte ich auf diesen Moment gehofft. Ich hatte davon geträumt, dass Ethan mich mit auf sein Zimmer nehmen und mich übers Knie legen würde. Aber in Wirklichkeit hatte ich nie ernsthaft daran geglaubt, dass wir tatsächlich hier sitzen würden.

»Steh auf. Ich will dich ansehen.«

Langsam erhob ich mich. Er musterte mich von oben bis unten, und sein Blick blieb an meinem Ausschnitt hängen. Mein Rock war kurz, aber nicht zu kurz. Aber ich trug schwarze, hochhackige Riemchensandalen. Er trat auf mich zu und schob mir die Haare aus der Stirn. Ich wollte mich unter seiner Berührung gerade entspannen, als er fest in meine Haare packte und mir grob den Kopf zurückriss. Ich schrie auf und spürte gleich die vertraute Hitze zwischen meinen Beinen.

»Nach all diesen Jahren immer noch ein böses Mädchen. Gott, ich kann es kaum erwarten, diesen Arsch grün und blau zu klopfen.«

Ich keuchte, als sein Griff noch ein wenig fester wurde. Seine Augen glänzten selbst im schwachen Licht hell. Grinsend ließ er meine Haare los. Er drehte mich so grob um, dass ich mich am Bett festhalten musste. Dann drückte er mir die Beine auseinander und schob mir den Rock hoch. Jetzt trug ich nur noch Strumpfhose und String, beides nass von meiner Muschi. Er fuhr mit den Händen über meinen Arsch, über die Nylonstrumpfhose, die meine Haut bedeckte. Plötzlich spürte ich, wie er den Stoff wegriss. Meine Strumpfhose schlang sich in

Fetzen um meine Knöchel, und auch mein Höschen war weg. Mein Arsch war jetzt entblößt, und die kühle Luft im Raum verursachte mir Gänsehaut. Ich wusste, dass er mich mit den Augen verschlang, aber ich musste seine Hände fühlen. Er sollte mich berühren.

Ich zuckte beinahe zusammen, als ich seine Hand über meinem Hintern spürte. Die andere glitt träge über meine Haut und neckte mich, so wie früher. Ich hielt den Atem an und schloss die Augen. In den nächsten Sekunden stand die Zeit still. Und dann ging der vertraute Luftzug dem exquisiten Schmerz voraus. Ich biss die Zähne zusammen, um nicht aufzuschreien. Beinahe wäre ich von der Wucht des Schlages vornüber auf das Bett gefallen. Es war, als ob zehn Jahre aufgestauter Energie in diesem Schlag auf meinem Arsch gelandet wären.

Bevor ich wieder zu mir kommen konnte, folgten zwei weitere Schläge, und dieses Mal schrie ich. Mir war egal, ob jemand im Hotel mich hören konnte, ich konnte meine Gefühle nicht mehr zurückhalten. Meine Nässe rann an meinen Oberschenkeln hinunter, und auf meiner Stirn bildeten sich Schweißtropfen. In seinem ungewöhnlichen Rhythmus prasselten die Schläge auf mich nieder. Ich wusste nicht mehr, wie viele es waren. Mein Arsch brannte, mein Herz klopfte heftig, und in meinen Augen brannten Tränen. Plötzlich hörte er auf. Zum ersten Mal spürte ich die Hitze, die von meiner Haut ausging.

»Steh auf.« Ich trat vom Bett weg und drehte mich um. Er hatte bereits seine Krawatte abgelegt und sein

Jackett ausgezogen. Rasch zog er mich nackt aus, zog mir aber die Schuhe wieder an, als die Strumpfhose weg war. Er trat an seinen Koffer und ließ mich nackt am Bett stehen. Als er sich wieder umdrehte, glitzerten silberne Handschellen im Dunkeln.

»Es macht dir doch nichts aus, wenn wir nicht mehr hinuntergehen, oder? Wir haben viel aufzuholen.«

Ich antwortete nicht. Ich wusste, das war nicht nötig. Er packte grob mein brennendes Hinterteil und drückte mich bäuchlings auf das Bett. Stumm lauschte ich auf das Klicken, als die Handschellen sich um meine Handgelenke schlossen. Zehn Jahre, und nichts hatte sich verändert. Er wusste immer noch genau, was ich brauchte.

Macht über Macht

Emerald

Ich schob die Glastür auf. Es war Samstagmorgen, und die Sonne brannte heiß. Die Wände mit den riesigen Fensterflächen boten nur wenig Schutz vor der grellen Sonne. Blinzelnd schaute ich mich in der Lobby um.

Dominic saß an seinem Schreibtisch gegenüber derRonttheke. Einen Monat zuvor hatte ich Dominic am ersten Unterrichtsabend beobachtet. Er stand vorn im Studio und stellte den Kampfsport vor, in dem er uns unterrichten würde. Die Schüler standen in einer Reihe vor ihm, genauso gekleidet wie er, in Sneakers, schwarzen T-Shirts mit dem königsblauen KRAV-MAGA-Logo auf der Brust und lose sitzender, leichter schwarzer Hose mit passenden königsblauen Streifen an den Seiten.

»Krav Maga ist nicht wie die traditionellen Kampfkünste«, hatte er erklärt. »Zu traditionellen Kampfkünsten gehören Sparring, Vor und Zurück und Konzentration auf die Technik. Bei Krav Maga geht es jedoch darum, jemanden innerhalb von zehn Sekunden bewusstlos zu schlagen, damit Sie entkommen können.« Er blickte jeden Schüler an. »Es geht auch nicht um Körpergröße. Bei Krav ist jeder gleich, da man sich auf universelle Verletzlichkeiten konzentriert, die jeder ungeachtet seiner Größe nutzen kann.«

Seine Stimme war ruhig, sicher und ernst. Ich hatte ihn fasziniert beobachtet. Dominic sah eigentlich nicht aus wie ein Kampfsportler. Er war nur ein bisschen größer als ich, wahrscheinlich so um die eins achtundsiebzig, schlank und athletisch gebaut. Seine Muskeln jedoch waren so kräftig, dass man sie nicht nur unter seinem Shirt sah, sondern auch hörte, wenn er Schläge und Stöße am Punchingball demonstrierte.

Trotz des Themas hatte er nicht das Auftreten eines Machos. Ich hatte an den Bildern und Plakaten in der Lobby gesehen, dass Dominic nicht nur Krav Maga unterrichtete, sondern auch traditionelle Kampfkunst, und er strahlte dieses besondere Selbstbewusstsein aus, das dazugehört. Es war so, als hätten diese Menschen Macht über ihre eigene Macht. Sie dienten der Kampfkunst nicht, sondern bedienten sich ihrer. Es bestand kein Anlass, sich damit zu brüsten, sondern sie war einfach da, wie eine zweite Natur, wenn man sie brauchte.

Dominic blickte auf, als ich eintrat.

»Hi, Jackie.«

Ich lächelte ihn an und blickte auf die Uhr. Das Training am Samstagmorgen war optional, vor allem für diejenigen gedacht, die in der Woche einen der drei Abende verpasst hatten oder zusätzliche Unterweisung wollten. Ich war nur fünf Minuten zu früh, aber außer mir schien niemand zu kommen.

Er folgte meinem Blick. »Du bist bis jetzt die Einzige.

Aber an den Samstagen kommen die Leute oft verspätet. Du kannst dich entweder setzen und warten oder schon einmal mit dem Aufwärmen anfangen.«

Ich setzte mich auf die Bank an seinem Schreibtisch, und er wandte sich lächelnd wieder seinem Computer zu. Ich brauchte Dominic nicht anzuschauen, um zu spüren, dass er mich mochte. Es war ein Gefühl, das über Blicke, Persönlichkeit und bloße Attraktion hinausging. Es war pure Hitze, rohes Begehren und Verlangen. Ich fühlte es, wenn ich beobachtete, wie nonchalant er uns die Methode vermittelte, die die israelische Armee im Mann-gegen-Mann-Kampf einsetzte, eine Methode, die letztlich dazu bestimmt war, Menschen zu töten. Wenn ich die Technik, die Kontrolle und die Konzentration beobachtete, mit der er sich bewegte, stieg Hitze in mir auf. Er machte keine Bewegung zu viel und strahlte reine Macht aus.

Ich war so scharf auf ihn, dass ich kaum still sitzen konnte.

Fünf Minuten später blickte er erneut auf die Uhr. »Hmm. Vielleicht haben die Leute gestern Abend ein bisschen zu viel gefeiert.« Schmunzelnd stand er auf. »Ich hatte noch nie so wenige Schüler am Samstagmorgen.«

»Ja, du willst sicher den Unterricht lieber ausfallen lassen«, sagte ich nervös.

Dominic zuckte mit den Schultern. »Das liegt an dir. Natürlich kannst du nach Hause gehen. Aber wenn du bleiben willst, arbeite ich mit dir.«

Ein Schauer überlief mich, aber ich versuchte, ihn zu

unterdrücken. Ich blickte mich um und überlegte, ob ich wirklich Einzelunterricht bei Dominic haben wollte. Am Ende merkte er noch, wie wild ich auf ihn war, und ich machte mich zum Narren.

»Äh ... okay. Wenn es dir nichts ausmacht«, erwiderte ich.

»Nein, komm herein«, sagte er und wies auf das Studio. Ich trat ein und stellte meine Tasche auf die Bank am anderen Ende.

Als wir mit dem Stretchen begannen, atmete ich schneller. Das Training hatte noch nicht einmal begonnen, und schon wusste ich, dass es ein Fehler gewesen war. Ich hielt es wahrscheinlich nicht aus, die ungeteilte Aufmerksamkeit von Dominic zu haben. Selbst wenn er an mir interessiert wäre – ich hatte allerdings keinen Grund, das anzunehmen –, dann würden die Glaswände, durch die man auch von der Straße in das Studio hineinblicken konnte, ihn mit Sicherheit davon abhalten, mich zu ficken.

Ich musste hier raus.

»Okay, erinnerst du dich noch, was wir am Anfang der Woche gelernt haben, um uns aus einem Würgegriff zu befreien?«, fragte Dominic.

»Ja«, antwortete ich und räusperte mich. Dominic trat auf mich zu, und ich wich zurück, weil ich mir nicht sicher war, was passieren würde, wenn er mich berührte.

»Zeig mir, woran du dich erinnerst.« Er stand vor mir und legte mir beide Hände um den Hals. Mir stockte der Atem, und ich riss meine Hände hoch und schlug mit den Unterarmen gegen seine, so dass sein Griff sich lockerte.

»Gut«, sagte er und trat einen Schritt zurück. »Dann wollen wir es mal an der Wand versuchen.«

Ich war mir schmerzlich der Tatsache bewusst, dass ich keuchend atmete und nass zwischen den Beinen war, als Dominic mich gegen die Wand drückte und erneut die Hände um meinen Hals legte. Wieder verteidigte ich mich. Am liebsten hätte ich mir die Hand in den Schritt gedrückt.

»Okay, nimm dir einen Schutzschild«, sagte Dominic und nickte zu einem Stapel von Schilden, die in der Ecke lagen. »Ich demonstriere dir jetzt den Tritt, den wir am Mittwoch gelernt haben. Denk dran, du stehst zuerst mit dem Gewicht auf dem Trittfuß – dann springst du schnell auf den anderen und trittst bereits, während du noch in der Luft bist. Dadurch wird der Tritt kraftvoller. Danach ziehst du das Bein sofort zurück. Denk daran, es zurückzuziehen, weil der Angreifer dich sonst zu packen kriegt.«

Ich nickte und versuchte mich zu konzentrieren. Dominic wich zurück, und ich hielt den Schutzschild vor mich. Dominics Fuß schoss vor, und ich wurde von der Wucht des Stoßes beinahe zurückgeschleudert, obwohl der wattierte Schild das meiste auffing. Mir lief ein Schauer über den Rücken, als ich mir vorstellte, welche Auswirkungen ein solcher Tritt ohne Schutzschild haben würde.

»Du bist dran.« Dominic nahm mir den Schutzschild ab.

Ich tat mein Bestes, um die sexuelle Frustration abzureagieren. Grunzend trat ich erst mit dem linken, dann mit dem rechten Fuß gegen den Schild.

Mein Verlangen war keineswegs verschwunden.

»Kannst du dich noch an die Serie erinnern, die wir Anfang der Woche gelernt haben?« Dominic demonstrierte eine Reihe von Schlägen, Tritten und Ellbogenstößen. Ich nickte.

»Okay, dann wollen wir es mal versuchen.« Dominic legte von hinten den Arm um meinen Hals und hielt fest. Mir stockte der Atem, und ich hätte mich fast an ihn gedrückt. Gerade noch rechtzeitig riss ich mich zusammen und führte die Serie durch, wobei ich kurz vor der eigentlichen Berührung abbrach. Mein Atem ging stoßweise, als ich fertig war, und das Prickeln in meiner Muschi wurde immer stärker.

»Bist du okay?«, fragte Dominic.

»Ja«, stieß ich hervor und räusperte mich. »Mir geht es gut. Mach weiter«, fügte ich mit einigermaßen normaler Stimme hinzu.

Er drehte mich um und packte mich wieder um den Hals. Sofort konnte ich nicht mehr atmen, und das lag nicht daran, dass er zu fest zupackte. Ich begann mit der Serie und stieß ihm meinen Ellbogen an die Brust. Plötzlich vergaß ich die nächste Bewegung und hielt inne.

»Hör nicht auf«, sagte Dominic. »Du darfst niemals aufhören, Jackie.«

»Ich habe die nächste Bewegung vergessen«, begann ich zu erklären, aber Dominic drehte mich um.

»Das weiß ich. Aber wenn du einen Bewegungsablauf

vergisst, musst du einfach anfangen, Hiebe auszuteilen.« Er blickte mich ernst an.

Ich erwiderte seinen Blick und nickte.

Er trat zurück. »Möchtest du einen Schluck trinken?«

Ich nickte wieder und trat zu meiner Tasche. Ich nahm die Wasserflasche heraus, trank einen Schluck und stellte die Flasche auf die Bank.

Plötzlich war ein Körper hinter mir, und ein Arm legte sich grob um meinen Hals. Es dauerte nur eine Sekunde, bis mir klar war, dass ich mich verteidigen musste. Ich riss den Ellbogen hoch und versuchte herumzuwirbeln, aber es war zu spät.

Dominic drückte mich an die Wand. »Okay, du hast mich nicht erwartet. Du warst nicht bereit, weil du gerade Pause gemacht hast. *Aber Angreifer warten nicht, bis du bereit bist.* Du musst ständig vorbereitet sein.« Er lockerte seinen Griff und trat einen Schritt zurück. Meine Muschi prickelte unerträglich.

»Ich werde mal Handschuhe holen«, sagte er und ging zum Lagerraum.

Er öffnete die Tür und verschwand dahinter. Ich schluckte. Wie von einem Magneten angezogen folgte ich ihm. An der Tür hörte ich, wie er drinnen herumkramte. Leise trat ich ein.

Dominic hatte mir den Rücken zugewandt. Er zog ein Paar Handschuhe aus einer Kiste und drehte sich um. Als er mich sah, hielt er inne.

Ich war bereits in dem Raum, in dem ich nichts zu suchen hatte. Ich konnte mich nicht zurückziehen und so tun, als wäre nichts gewesen. Ein paar Sekunden herrschte Schweigen.

»Ich wollte dich …« Mir versagte die Stimme.

Fragend verzog Dominic das Gesicht. »Was wolltest du?«

Ich hatte das Gefühl, bereits kurz vor dem Orgasmus zu stehen.

»Ich wollte«, begann ich stockend, beendete dann aber beherzt den Satz, »ich wollte, dass du mich fickst.«

Ich hatte die Worte geflüstert und blickte jetzt zu Boden. Meine Wangen waren schamrot. Ich spürte Dominics Augen auf mir und sagte mir, das Schlimmste, was er jetzt sagen könnte, wäre nein, und dann würde ich mich umdrehen und einfach nie mehr wiederkommen. Das überwältigende Verlangen nach ihm war in diesem Moment stärker als das Gefühl der Erniedrigung.

Dominic trat auf mich zu und dann an mir vorbei. Meine Augen weiteten sich. Ich bewegte mich nicht.

Er schloss die Tür. Mein Herz klopfte so heftig, dass mir beinahe schwindlig war. Ich atmete kaum, als ich begann, mich umzudrehen.

Aber er stand schon wieder vor mir, so dicht, dass er mich beinahe berührte. Er blickte mich an.

»Ich soll dich also ficken«, wiederholte er. Sein Tonfall war neutral.

Ich zitterte. Ich wollte ihn berühren, stand aber da wie erstarrt. Den Blick immer noch gesenkt, nickte ich.

Mit einer seiner sparsamen, effizienten Bewegungen hob er mein Kinn mit einem Finger an. Ein Schauer durchrann mich, als ich seine Macht spürte – die

Macht, die ich in jeder seiner Bewegungen sah, die er ausstrahlte, wenn er vor seinen Schülern stand oder wenn er uns Trainingsübungen vormachte. Das war die Macht, die zu ihm gehörte und ohne ihn nicht existieren konnte.

Ich blickte ihn an. Dominic küsste mich, sein Körper presste sich gegen meinen, drückte mich an die Wand. Meine Hände rissen an seinem T-Shirt. Ich rang nach Luft. Ich hatte das Gefühl, schon jetzt zu kommen.

Dominic legte mir eine Hand in den Nacken und zog mich noch dichter an sich. Wieder zerrte ich an seinem T-Shirt, und er streifte es sich über den Kopf, zog mir ebenfalls das Shirt aus, wobei er den Kuss jeweils nur kurz unterbrach. Ich spürte seine Erektion an meinem Bauch.

»Wir brauchen ein Kondom«, flüsterte er.

Ich blickte ihn an. »Ich habe welche in meiner Tasche«, erwiderte ich leise. Ich erkannte meine eigene Stimme kaum wieder.

Dominic ließ mich los, und ich ging mit zitternden Knien hinaus in das gleißende Sonnenlicht des verglasten Studios. Ich kam mir vor wie in einer anderen Welt.

Ich holte meine Tasche. Als ich wieder durch die Tür trat, traf mich Dominics harter Brustkorb von hinten, sein Arm legte sich um meinen Hals. Instinktiv rammte ich ihm meinen Ellbogen bis kurz vor die Brust.

Er drehte mich um und drückte mich erneut gegen die Wand.

»Dieses Mal hast du gut reagiert«, sagte er leise. »Vor allem unter den Umständen.« Ich fühlte, wie sein

Schwanz sich gegen meine Hüfte drückte. Langsam legte er mir beide Hände um den Hals.

»Weißt du, was du tun musst?«, fragte er flüsternd. Wir hatten es gerade im Studio geübt.

Ich nickte. »Aber ich will nicht«, flüsterte ich mit zitternder Stimme.

Dominic nickte langsam. Er sah mich unverwandt an. Allein mit seinen Blicken konnte er mich festhalten. Mit einem Finger streichelte er mir übers Kinn. Die andere Hand lag weiter um meinen Hals. Er leckte sich über die Lippen und sah mich wieder an.

Plötzlich wurde sein Griff fester, und er hob mich am Hals hoch. Mein Unterkiefer hing herunter, und meine Füße baumelten kurz über dem Boden. Ich war jetzt auf Augenhöhe mit Dominic. Seltsamerweise tat seine Hand an meinem Hals kaum weh.

Meine Muschi begann zu tropfen.

Dominic blickte mich mit brennendem Blick an, dann ließ er mich langsam wieder herunter. Er schob meinen Sport-BH hoch und packte meine Brüste so fest, dass es beinahe wehtat. Erneut stockte mir der Atem.

»Atme«, flüsterte er und blickte mir in die Augen. Es war eine Anweisung, die er im Unterricht oft gab. Ich gehorchte und begann, gleichmäßig zu atmen.

Dominic löste meine Haare, die ich zum Pferdeschwanz zusammengebunden hatte, zerrte mir den Büstenhalter über den Kopf und zog mich vorwärts, quer durch den Raum zu einem Stapel von Matten, der mir etwa bis zur Taille reichte. Er drückte mich dagegen und packte meinen Nacken am Haaransatz. Ich wimmerte, als er mich küsste, und rieb mich unwillkürlich an ihm. Er zerrte mir Trainingshose und Höschen bis zu den Knien, setzte mich auf den Stapel Matten und zog sie mir ganz herunter.

Dann hob er mich wieder herunter und drehte mich um. Seine Finger strichen leicht über meine Brüste und die Nippel. Erneut hielt ich unwillkürlich den Atem an.

Ich wollte, dass er endlich seinen Schwanz in mich rammte und mich hart fickte. Ich versuchte, mich ungeduldig zu winden, musste aber feststellen, dass er mich wie in einem Schraubstock hielt. Sein Atem an meinem Ohr klang gleichmäßig, ganz im Gegenteil zu meinem hektischen Keuchen. Langsam glitten seine Hände wieder in meine Haare, und er packte sie. Ich hielt den Atem an.

»Nun, es passt ja gut, Jackie, dass ich dich auch ficken will«, flüsterte er, und meine Beine zitterten. »Und ich glaube, ich weiß, was du von mir erwartest. Du willst hart gefickt werden, und ich soll grob mit dir umgehen.« Ich fragte mich, ob ich wohl kommen würde, ohne überhaupt berührt worden zu sein. »Du suchst nach Macht. Und wenn du rau gefickt wirst, dann gibt dir das ein Gefühl von Macht. Ist das richtig?« Ich konnte nicht mehr klar sehen und verstand kaum noch, was er sagte.

Dominic ließ meine Hüfte los. Seine Hand glitt über meinen Bauch, hinauf zu meinen Brüsten und meiner Kehle.

»Alles, wonach du suchst, hast du bereits in dir, Jackie.« Sein Tonfall hatte sich verändert, und ich hatte kaum Zeit, seine Worte aufzunehmen, als er mich auch schon umdrehte und wieder küsste. Er hielt meine Haare in seinem stählernen Griff, seine andere Hand glitt wie Honig über meinen Körper.

Ich wimmerte verzweifelt. Er hatte noch nicht einmal meine Muschi berührt, und ich fühlte mich einer Klimax nahe, wie ich sie noch nie erlebt hatte. Es war eine Art Euphorie, verbunden mit einer vagen, aber tiefen Angst, die mich zu Tränen ergriff.

»Dominic«, flehte ich. Meine Stimme zitterte. Er blickte mich an.

Und dann wurde mir klar, was er tat. Er ließ mich warten, ließ mich die kleinste Nuance erfahren und fühlen, jedes Detail, alles, was in mir, in meinem Körper war.

Bedeutete das, Macht über Macht zu besitzen?

Die Tränen flossen aus mir wie ein Orgasmus. Ich konnte sie nicht kontrollieren. Mein Atem wurde zu einem stillen Schluchzen, das sich irgendwie ruhig und friedlich anfühlte. In mir öffnete sich etwas, was ich noch nie zuvor gefühlt hatte. Dominic blickte mich die ganze Zeit über unverwandt an.

Die Welle schlug über mir zusammen, und da berührte Dominic meine Klitoris. Im selben Moment keuchte ich und kam so heftig, dass ich das Gefühl hatte, ohnmächtig zu werden. Und die ganze Zeit über hielt Dominic meinen Nacken und blickte mich an. Schließlich hing ich schlaff und schweißbedeckt über dem Mattenstapel.

Dominic legte mich auf den Rücken und ließ meine Haare los. Dann reichte er mir meine Tasche, und ich fischte mit zitternden Händen ein Kondom heraus, das ich ihm in die Hand drückte.

Er riss das Päckchen auf, und ich ließ die Tasche fallen, als Dominic auf den Stapel sprang.

»Atme«, flüsterte er wieder, als er sich auf mich legte und in mich eindrang. Er stieß mit rhythmischer Kraft in mich hinein, während ich kraftlos wie eine Puppe auf den Matten lag. Sein Atem veränderte sich, während er mich fickte, er wurde fester, und schließlich kam er in mir.

Ich schloss die Augen, als er sein Sperma in mich pumpte. Dass er sich jetzt gleich von mir zurückziehen würde, tat mir weh. Als er seinen Schwanz herauszog, öffnete ich die Augen und blickte ihn an. Er sprang von dem Stapel Matten hinunter und reichte mir die Hand. Ich blieb jedoch am Rand sitzen. Ich war noch nicht bereit aufzustehen.

»Was immer in dir ist – fühle es. Versteck dich nicht davor. Versuch nicht, es zu ›bekämpfen‹. Versuch es zu verstehen, bis du weißt, woher es kommt.« Ich blickte stirnrunzelnd zu Boden. »Dann beherrscht es dich nicht mehr.«

Bei den letzten Worten blickte ich ihn an. Schweiß tropfte von meiner Stirn, und ich atmete schnell.

»Das ist Macht«, fuhr Dominic fort. »Sie hat nichts zu tun mit Kraft oder Unterwerfung.«

Ich ließ mir von ihm herunterhelfen. Meine Füße fühlten sich merkwürdig an auf dem Boden.

Langsam zog ich mich an. Dominic reichte mir meine Tasche, gemeinsam gingen wir zur Tür. Ich wandte mich zu ihm; ohne ein Wort packte er meinen Nacken und küsste mich. Sofort stockte mir der Atem, und ich musste mich mit einer Hand am Türrahmen abstützen.

Langsam ließ er mich los.

»Bis Montag dann.« Dominics Hand strich mir über den Rücken, dann öffnete er die Tür.

Hier fesseln!

Yolanda West

»Hier?« Ich versuche leise zu sprechen, aber ich bin zu überrascht.

John antwortet ohne Worte. Lachfältchen bilden sich um seine Augen, er nickt leicht, und die Spitzen seines Schnurrbarts biegen sich nach oben, als er grinst.

Wir sind in einem Diner neben dem Highway 42, auf dem Weg zum Haus seiner Mom, um ihren Geburtstag zu feiern. Er hatte gesagt, dass er für die Fahrt etwas Besonderes geplant hätte, aber ich hatte geglaubt, es wären die Perlen.

O ja, die Perlen. Vier davon sind miteinander verbunden. Sie sind aus Kunststoff und hohl, ein bisschen größer als Ben-Wa-Kugeln, mit schweren Stahlmurmeln im Innern. Sie stecken in mir, an Ort und Stelle gehalten von meinem Höschen, und bei jeder Bewegung verschieben sie sich.

Es ist lustig. Als wir uns kennen lernten, war John so schüchtern in Bezug auf Sexualität, dass es ihn sogar nervös machte, mit mir zu Hause etwas auszuprobieren. Er ist in einer sehr konservativen Familie aufgewachsen und hatte seine Bedürfnisse nie äußern können.

Ich war schon mit einigen Doms zusammen gewesen und war einigermaßen desillusioniert. Ich war auch gar nicht auf der Suche, als ich John über den Freund einer Freundin kennen lernte, aber wir fühlten uns sofort zueinander hingezogen. Eine Weile ging ich »auf konventionelle Art« mit ihm aus, aber ich hatte Angst, meine Neigung zur Unterwerfung unterdrücken zu müssen, wenn ich mich in ihn verliebte.

Deshalb sprudelte ich eines Tages einfach hervor: »Fessle mich!« Den Ausdruck auf seinem Gesicht werde ich nie vergessen. Stotternd und stammelnd meinte er, das könne er nicht. Aber ich kannte diesen Gesichtsausdruck. Ein Mann, der Bondage im Blut hat, sieht so aus, wenn er sich vorstellt, ein Mädchen zu fesseln. Und John sah definitiv so aus.

Und er war gar nicht schlecht darin, zumindest für einen Typen, der keinerlei praktische Erfahrung hatte. Allerdings hatte er sich bestimmt schon viele Bilder angeschaut, und als Pfadfinder konnte er auch mit einem Seil umgehen.

Das Resultat war elektrisierend. Sobald er mich ans Bett gefesselt hatte, wurde er zu dem meisterhaftesten Liebhaber, den ich jemals gehabt hatte. Meinen Körper und meine Reaktionen zu lesen war seine zweite Natur. Ich war im Himmel.

Trotzdem blieb er noch lange scheu. Er brauchte viel Ermutigung, um aus seinem Schneckenhaus zu kommen. Manchmal habe ich ihn in dieser Zeit bestimmt von unten dominiert, aber was tut man nicht alles.

Diese Phase dauerte jedoch nicht lange. Er verlor seine

Schüchternheit rasch und besuchte sogar einige Workshops mit mir. Aber wenn ich vorschlug, wir sollten es mal in der Öffentlichkeit tun, lehnte er ab – bis heute.

Wegen seiner Haltung ging ich davon aus, dass die Perlen schon »öffentlich« genug waren. Aber auf einmal holt er hier im Diner das Seil heraus.

Es ist nur ein Stück Nylonschnur. Er legt es auf den Tisch und greift dann nach meinen Handgelenken. Ich bin schon nass von den Perlen, aber dass er hier in aller Öffentlichkeit meine Handgelenke packt, lässt mich beinahe kommen. Er muss mich richtig festhalten, damit ich nicht unter den Tisch rutsche.

Ein Schatten fällt über den Tisch. Unsere Kellnerin steht da.

Sie ist um die vierzig, dicklich, wirkt gelangweilt, hat anscheinend schon alles gesehen. »Hi, mein Name ist Justine, ich bin Ihre Kellnerin«, leiert sie herunter. Plötzlich jedoch bricht sie ab, als sie merkt, wie John mich festhält. »Ist alles in Ordnung, Schätzchen?«

Ich wage es nicht, den Mund aufzumachen, nicke aber und ringe mir ein Lächeln ab. Sie blickt zu John und dann wieder zu mir. Skeptisch, aber nicht besonders alarmiert, zuckt sie mit den Schultern.

»Ach, Justine?«, wirft John fröhlich ein. »De Sade hat ein Buch geschrieben, das *Justine* heißt. Kennen Sie das?«

Sie wirft ihm einen verwirrten Blick zu. »Hören Sie«, sagt sie dann verärgert, »brauchen Sie noch Zeit, um sich zu entscheiden?«

»Nein, wir sind so weit«, sagt John und zwinkert mir zu.

»Warten Sie!« Justine wird plötzlich lebendig. »Hat der Typ nicht Autos gebaut oder so?«

Jetzt ist John verwirrt. »Wer?«

»DeSoto.«

John und ich müssen ein Lachen unterdrücken. »Ja«, sagt er. »Ich glaube, das stimmt.«

»Also, was wollen Sie haben?«, wendet Justine sich an mich.

Ich bestelle nur einen Salat. Justine schreibt die Bestellung auf und rasselt die Dressings herunter. Ich nicke, als sie zu »Farm-Dressing« kommt.

Erwartungsvoll wendet sie sich an John, aber er sieht mich an. »Wechsle die Beine«, sagt er zu mir.

Ich habe das linke Bein über das rechte geschlagen. Als ich es jetzt umgekehrt mache, drehen die Perlen sich in ihrem feuchtheißen Alkoven mit. »Oh!«, keuche ich. »Mmm«, seufze ich.

Justine wendet sich wieder mir zu. »Sind Sie sicher, dass alles okay ist?«

John sagt: »Justine, wir sind auf dem Weg zu meiner Mutter. Ich möchte ein schönes Sandwich mit gegrilltem Käse, so wie Mom es mir in meiner Kindheit gemacht hat. Guter alter amerikanischer Käse zwischen zwei Scheiben gebuttertes Weißbrot und dann von zwei Seiten gegrillt. Und passen Sie auf, dass der Koch es in reichlich Fett wendet.«

Justine verdreht die Augen. »Nummer drei«, murmelt sie und notiert sich die Zahl auf ihrem Block.

Als sie geht, schlingt John mir die Nylonschnur um die Handgelenke. Ich fasse es nicht, dass er es tatsächlich tut. Wie hypnotisiert sitze ich da, als er den Knoten schlingt und ihn festzieht.

Unter dem Tisch stößt sein Fuß gegen mein Bein. Gehorsam stelle ich die Füße nebeneinander auf den Boden und spreize die Beine für ihn. Bald schon bohrt sich sein Fuß unter meinen Rock, zwischen meine Oberschenkel und stupst gegen meine … meine …

»John!« Meine Stimme ist lauter, als ich beabsichtigt hatte.

»Ja, Annie?«, sagt er glatt. Lächelnd hält er meine Handgelenke fester.

Ich versuche still zu sitzen, winde mich aber unwillkürlich. Zwar halte ich den Mund geschlossen, muss aber trotzdem stöhnen. Ich keuche und schwitze, als hätte ich gerade einen Hundertmeterlauf hinter mir. Ich senke den Kopf und schließe die Augen. Ich kann nur beten, dass niemand es bemerkt.

Unweigerlich geschieht es, und ich kann gar nichts dagegen machen. Der erste Schauer beginnt tief in mir und breitet sich schnell aus. Ein weiterer folgt augenblicklich.

»O Gott! Scheiße!« Und ich war diejenige, die es vorgeschlagen hat!

Ich sehe John an, wie sehr er die Situation genießt. Das Necken und Quälen ist in der Öffentlichkeit viel intensiver. Und dann wird mir klar, warum es gerade heute sein musste. Es hat etwas damit zu tun, dass wir auf dem Weg zum Haus seiner Mutter sind. Seine gesamte konservative Familie wird dort sein, vor allem sein steifer Bruder und seine prüde Schwägerin. Ich glaube, er genießt einfach den Kontrast zwischen ihnen und seiner eigenen lüsternen Schlampe.

Justine kommt mit unserer Bestellung. Ich versuche, meine Hände unter den Tisch zu schieben, aber sie sieht den Strick natürlich und wirft John einen finsteren Blick zu.

John zuckt mit den Schultern. »Sie kriegt Krämpfe«, sagt er. »Manchmal ist sie schwierig zu kontrollieren.«

»Hmm«, sagt Justine.

Sie blickt mich an, aber ich bin damit beschäftigt, eine Gabel voll Salat in den Mund zu bekommen. Das ist gar nicht so einfach mit gefesselten Händen und Johns Fuß, der immer noch in meinem Schritt liegt. Justine räuspert sich. »Wollen Sie etwas trinken?«

Genau in diesem Moment streichelt Johns Fuß liebevoll über meine Muschi.

»Nein!«, entfährt es mir viel zu laut.

»Na dann, guten Appetit.« Sie geht wieder an die Theke und flüstert mit den Gästen, die dort sitzen.

Wir verschlingen so viel von unserem Essen, wie wir können. Ich weiß, dass auch John erregt ist. Ich kann seinen steifen Schwanz beinahe in seinen Augen sehen. Er lässt meine Hände gefesselt und steht auf, um die Rechnung zu bezahlen. Ich folge ihm mit kleinen Schritten. Die Perlen veranstalten einen solchen Aufruhr in mir, dass ich kaum laufen kann.

Als wir draußen sind, legt John den Arm um mich und führt mich hinter den Diner. Das kleine Gebäude steht an einer einsamen Straße, und dahinter erstreckt sich der Wald.

Seine Miene hellt sich auf, als wir um die Ecke kommen, und ich sehe auch sofort, warum. Er nimmt meine Hände und zieht sie hoch über meinen Kopf. Hinten am Haus ist ein praktischer Haken, den er sofort einsetzt. Ich muss mich zwar ein bisschen recken, aber meine Zehen haben Bodenkontakt.

Er küsst mich leidenschaftlich. Seine Hände gleiten besitzergreifend über meinen Körper, und ich spüre, dass sein Schwanz aus der Hose drängt. Ich fasse es nicht, dass wir es hier tun wollen. Aber ich will es. Ich will es!

»O Gott, John, beeil dich!«, keuche ich.

Er schiebt mir den Rock hoch, reißt mir das Höschen herunter und zieht die Perlen aus ihrem warmen Versteck. Er steckt sich die Sachen in die Hosentasche, dann öffnet er seinen Reißverschluss. Sein schöner Schwanz springt heraus.

Er packt mich unter dem Hintern, um mich abzustützen, während ich meine Beine um seine Taille schlinge. Dann ist er in mir und stößt mich gegen die Mauer.

Es ist so schnell vorbei, dass ich kaum den Druck auf meinen Armen bemerke. Einen Moment lang bleibt er noch in mir drin, dann zieht er sich zurück. Er ersetzt seinen Schwanz durch seine Finger und stimuliert meine Klitoris. Beinahe schreie ich auf, aber er legt mir im letzten Moment die Hand auf den Mund.

Ich vergesse, wo wir sind, und komme für ihn. Es ist so köstlich.

Schließlich nimmt er die Perlen aus der Tasche und schiebt sie mir wieder in die Muschi. Dann nimmt er meine Hände vom Haken und bindet mich los. Er reicht mir mein Höschen. Ich ziehe es wieder an.

Als ich ihm auf unsicheren Beinen zum Auto folge, entdecken wir Justine an der Seitenwand des Hauses. Sie streicht gerade ihren Rock glatt. Ihr Gesicht ist gerötet. Offensichtlich hat sie uns beobachtet und dabei masturbiert.

Für einen kurzen Augenblick entsteht ein verlegenes Schweigen, dann zuckt sie lächelnd mit den Schultern. »Nächstes Mal sollten Sie einfach ein größeres Trinkgeld geben«, sagt sie.

Veronicas Körper

Isabelle Gray

Veronica hat eine Vergangenheit. Sie weigert sich, darüber zu reden. Veronica ist mit Vince verheiratet. Vince ist ein besonderer Mann. Er mag, was er mag, will, was er will. Wenn er unglücklich ist, ist auch Veronica unglücklich. Er fragt sie nicht nach ihrer Vergangenheit. Sie tut alles, um ihn glücklich zu machen. Es ist ein Arrangement, das für beide segensreich ist.

Nachts schläft Veronica angekettet an das Bett, das sie mit ihrem Mann teilt. Ihre schlanken Handgelenke sind mit Handschellen gefesselt und mit einer Kette am Baldachin darüber festgemacht, damit sie besser schlafen kann. Kurz vor Mitternacht wäscht Veronica sich das Gesicht, putzt sich die Zähne und tupft sich ein wenig Parfüm auf das Schlüsselbein. Während dieser abendlichen Verrichtungen breitet sich heiße Röte auf ihrem Gesicht aus, und sie bekommt Schmetterlinge im Magen. Wenn sie bereit ist, holt sie tief Luft, schlüpft aus ihrem seidenen Morgenmantel und legt sich auf das Bett, wo Vince bereits wartet. Er streckt sich neben ihrem Körper aus, bedeckt ihre Schenkel mit seinen, die Haare auf seinen Beinen kitzeln sie. Langsam schiebt er seine Finger zwischen ihre Schenkel, reibt über ihre Schamlippen, presst die Hand auf ihren Venushügel und schiebt sie dann fest über ihren Oberkörper. Wenn er ihre Brustwarzen mit den Lippen umschließt, keucht sie jedes Mal auf. Er schlägt die Zähne in ihre Nippel, küsst ihre Halsgrube, die Spitze ihres Kinns und ihre Armhöhlen. Schließlich drückt er einen feuchten Kuss auf jedes Handgelenk, bevor er die Handschellen befestigt und seine Frau ans Bett kettet. Er sagt ihr, sie solle gut schlafen. Dann schaltet er das Licht aus und legt sich neben seine Frau, den Arm besitzergreifend über ihren Bauch gelegt. Er schläft lächelnd ein.

Es spielt keine Rolle, ob sie müde ist oder nicht. Um Mitternacht, das weiß Veronica, ist ihr Platz in ihrem Bett, neben ihrem Mann. Wenn sie verreisen, nehmen sie die Handschellen mit. In den Nächten, in denen sie nicht schlafen kann, liegt Veronica im Dunkeln, starrt an die Decke oder hinaus in den Nachthimmel und genießt den leichten Schmerz in den Armen. Sie hat einen Großteil ihres Lebens mit weit geöffneten Augen verbracht.

Manchmal, wenn Veronica eingeschlafen ist, spürt sie, wie ihr Mann sich auf sie legt und sein Schwanz hart und drängend gegen ihre Schenkel pocht. Auch dann weiß sie, was sie tun muss. Sie spreizt die Beine weit und stöhnt schläfrig, wenn ihr Mann in sie eindringt. Sie braucht sich nicht zu bewegen oder seinen Namen zu stöhnen. Sie muss ihm nur erlauben, sie zu benutzen. Es macht sie an, dass sie in der Dunkelheit ihres Schlafzimmers ein enger warmer Raum ist, aus dem ihr Mann seine Befriedigung zieht. Sie ist immer nass und bereit für ihn. Nachts fickt Vince sie hart. Er stöhnt bei jedem Stoß, presst seine Finger grob in ihre Schenkel und hinterlässt münzgroße blaue Flecke, die sie am Morgen bewundern kann.

Veronica hat ein eigenes Leben, einen erfolgreichen Beruf. Sie arbeitet lange, hat ihr eigenes Geld. Aber für ihren Ehemann ist sie immer verfügbar. Wenn er an ihren Arbeitsplatz kommt und diesen Ausdruck im Gesicht hat, dann weiß sie, dass sie die Bürotür hinter ihm schließen muss. Sie weiß, dass sie auf die Knie sinken muss, nur sprechen darf, wenn er sie etwas fragt, und mit gesenktem Kopf auf seine glänzenden Schuhe schauen muss. Liebevoll küsst sie seine Schuhe und bleibt so hocken, bis sie den Reißverschluss seiner Hose hört. Er langt in ihre langen roten Haare, zieht ihren Kopf hoch und schiebt seinen Daumen in ihren Mund. Sie saugt geräuschvoll daran. Er öffnet ihren Mund weiter und sagt: »Nimm mich.« Sie streckt die Zunge heraus und atmet tief ein, während er seinen Schwanz in ihren Mund schiebt. Zuerst hält sie ihn ganz still in der seidigen Wärme ihres Mundes, dann packt er ihren Kopf mit beiden Händen und stößt langsam mit den Hüften. Er fickt sie in den Mund, wie er in ihre Möse, ihren Arsch oder zwischen ihre Titten fickt, und Veronica lässt ihre Fingernägel über seinen Hintern und seine Oberschenkel gleiten.

Veronica lässt sich gerne daran erinnern, dass sie in ihrem Leben gefesselt ist. Zuerst würgt sie an seinem Schwanz, aber dann entspannt sie sich und lässt es zu, dass er sie benutzt. Sie schlingt ihre Zunge um die Unterseite seines Schwanzes und genießt das Gefühl. Wenn Vince gekommen ist, blickt er nach unten. Veronica setzt sich auf seine Füße und reibt mit ihrer Muschi über das Leder seiner Schuhe. Sie schlingt die Arme um seine Beine und seufzt, als er ihr die Hand auf den Kopf legt. Immer schneller reibt sie vor und zurück, und ihre Klitoris pocht. Sie ist immer verschwitzt, und ihre Kleider kleben ihr am Körper, wenn der Orgasmus sie überwältigt und von ihrer Möse in ihren gesamten Körper ausstrahlt. Noch einmal küsst sie Vinces Schuhe. Sie riecht sich selbst auf ihm. Wenn er dann gegangen ist, fasst sie sich wieder und schlüpft in ihr eigenes Leben zurück.

Vince und Veronica haben sich kennen gelernt, als sie Patientin in der Notaufnahme war. Nachdem er ihren gebrochenen Arm geschient hatte, setzte er sich auf den Hocker neben ihrem Krankenhausbett und sagte: »Ich möchte mit Ihnen ausgehen.«

Veronica setzte sich auf und zog eine Augenbraue hoch. »Ist das nicht gegen die Regeln?«

Vince lächelte kühl. »Ich möchte mit Ihnen ausgehen.«

Veronica blickte auf ihren frisch eingegipsten Arm und streckte ihn aus. »Geben Sie mir Ihre Nummer«, sagte sie.

Zwei Wochen später führte Vince sie in ein äthiopisches Restaurant aus. Sie aßen *wat* mit *injera* und tranken Wein. Sie redeten über alles und nichts. Gegen Ende des Essens sagte Vince ohne Umstände: »Ich bin ein Mann mit brutalen Neigungen.«

Veronica schwieg. Sie hatte alle möglichen Männer

gekannt, manche davon brutal. Vince war der Erste, der seine Neigungen so offen zugab. Sie musterte ihn vorsichtig – seine dicken schwarzen Haare, seine groben Gesichtszüge, seine kalten blauen Augen. Sie entschied, dass sie diesen Mann, der sich selbst so gut kannte und so schamlos erklärte, was er wollte, lieben konnte. Veronica hob ihr Weinglas. Vince nickte und erklärte ihr detailliert, was er von ihr wollte. Während sie zuhörte, schlug Veronica die Beine übereinander und drückte ihre Schenkel zusammen. Ihre Wangen brannten, und sie bekam kaum noch Luft.

Als er fertig war, sagte Vince: »Ich suche keine Haushälterin. Ich suche keine Mutter. Ich suche einen Körper. Und ich weiß das zu schätzen, was ich mir nehmen darf.«

Veronica griff nach Vince' Hand und zog sie zwischen ihre Schenkel. Als er zwei Finger in sie hineinschob, blickte sie ihm in die Augen und sagte: »Das ist wichtig.«

In ihrer Hochzeitsnacht sagte Vince zu Veronica, er glaube nicht an Bestrafung. Er glaube an Disziplin. Dann lehrte er sie den Unterschied. Er hatte das Gästezimmer in ihrem Haus in eine Folterkammer verwandelt, mit einem Andreaskreuz, einer ledergepolsterten Bank und einer Schlinge in der hintersten Ecke. Die Holzdielen glänzten, und der Raum war hell beleuchtet. An einer Wand hingen zahlreiche Spielzeuge. Einige davon kannte Veronica, mit anderen sollte sie bald Bekanntschaft schließen. Als Veronica langsam umherwanderte und alles berührte, sagte Vince: »Ich werde nie verstehen, warum manche Leute glauben, dass diese Dinge nur im Dunkeln geschehen sollten.«

Veronica nickte, dann drehte sie Vince den Rücken zu und bat ihn, den Reißverschluss an ihrem Hochzeitskleid zu öffnen. Als sie aus den Schichten von Seide und Spitze heraustrat, sagte sie: »Ich stimme dir zu.« Dann stellte sie sich an das Kreuz und senkte den Kopf. Ihr gesamter Körper entspannte sich, als Vince lederne Handschellen an ihren Handgelenken und Knöcheln befestigte. Er küsste die Rückseiten ihrer Schenkel, als er sich langsam hocharbeitete. Eine Weile stand Vince hinter seiner frischgebackenen Ehefrau, atmete ihren Duft ein und prägte sich mit den Händen die Konturen ihres Körpers ein. Er umfasste ihre Brüste und drückte sie grob zwischen den Fingern, so dass das Fleisch herausquoll. Nachdem er in ihre Nippel gekniffen hatte, bis sie zusammenzuckte und ihr Körper sich vor Schmerz aufbäumte, befestigte er goldene Nippelklemmen daran, die durch eine dünne Goldkette miteinander verbunden waren.

Veronica war benommen. Ihr Kopf rollte von einer Seite zur anderen, aber sie lächelte. Vince trat einen Schritt zurück, und sie erschauerte. Er schlug sie auf den Hintern und lächelte, als das Fleisch unter seiner Hand bebte. Der rote Fleck verschwand rasch wieder. Erneut schlug er auf Veronicas Hintern, dieses Mal fester. »Disziplin«, sagte er, »ist eine Erinnerung.« Veronicas Körper spannte sich an. Im Raum war es still, man hörte nur Vince' Schuhe, als er an die Wand trat und seine Spielzeuge musterte. Er suchte ein paar aus und legte sie neben Veronica. Dann ergriff er ein langes Paddel aus rostfreiem Stahl mit drei Reihen von Löchern. Er zog das Paddel über ihre Schultern, und Veronica erschauerte. Dann hob er es und schlug damit zweimal kurz hintereinander auf Veronicas Arsch. Er färbte sich rot, und ein dünner Schweißfaden lief über Veronicas Nacken ihre Wirbelsäule hinunter.

In einem festen, stetigen Rhythmus ließ Vince das Paddel auf ihren Hintern niedersausen. Veronica hatte zwischen den einzelnen Schlägen kaum Zeit zum Atmen. Sie schloss die Augen und zwang sich, sich zu entspannen, um in den Schmerz hineinzufallen. Je fester Vince ihren Arsch paddelte, desto freier fühlte sie sich. Dann ließ er das Paddel zu Boden fallen. Er legte ihr das Kinn auf die Schulter und sagte: »Schließ die Augen und öffne den Mund.« Sie gehorchte, und er schob etwas Breites, Gummiartiges in ihren Mund. »Mach es nass«, sagte Vince. Veronica leckte das fremde Objekt ab, bis Vince zufrieden war. Dann spreizte er ihre Arschbacken und schob langsam einen Analstöpsel in die enge Öffnung. Ihr Körper wehrte sich, aber Vince drückte den Stöpsel hinein. Nach einer Weile ließ das scharfe Pochen nach und wurde zu angenehmem Unbehagen. Sie fühlte sich voll und geschwollen.

Veronicas Kopf wurde so weit zurückgezogen, dass die Muskeln in ihrem Nacken bis an die Grenze gedehnt waren. Vince schob die andere Hand zwischen ihren Brüsten hinauf zu ihrer Kehle und küsste sie fast gewaltsam. Überwältigt vom Brennen ihrer Haut, stöhnte Veronica in Vince' Mund. Sie dachte, sie würde es immer wieder tun. Sie öffnete den Mund weiter und zog Vince' Unterlippe zwischen ihre Zähne. Er zog sich von ihr zurück und sagte: »Ja, das mag ich. Weiche nie vor mir zurück.« Er hielt sie an den Haaren gepackt und flüsterte, sie sei seine Hure, und sie antwortete: »Ja. Ja, das bin ich.« Erneut küssten sie sich, so hart, dass sie die Knochen unter dem Fleisch ihrer Lippen spüren konnte. Ein letztes Mal schlang Vince seine Zunge um ihre, dann glitten seine Lippen zu ihrer Schulter, und er leckte das Salz von ihrer Haut. Als er die Zähne in ihre Haut schlug, zischte Veronica und bäumte sich auf.

Vince griff nach einem neuen Spielzeug und legte es ihr über die Schulter. Veronica stöhnte noch lauter, als sie die Lederriemen einer neunschwänzigen Katze spürte. Vince küsste die Bisswunde, die er ihr zugefügt hatte, und trat ein paar Schritte zurück. Dann ließ er mit einem leichten Zucken des Handgelenks die Peitsche über ihren Rücken tanzen, ganz leicht nur, wie um sie zu necken. Ein weiteres Zucken des Handgelenks, und erneut tanzte die neunschwänzige Katze. Dann jedoch kam ohne Vorwarnung ein heftiger Schlag. Veronica ballte die Fäuste. Ein weiterer Schlag folgte, schließlich prasselte ein stetiger Regen auf ihren Rücken hernieder. Die Haut färbte sich rosa, dann rot, dann dunkelrot.

Veronica spürte jeden Schlag bis auf die Knochen. Schweiß bedeckte ihren Körper, und die Schläge schienen nicht aufzuhören. Vince peitschte sie aus, bis er den Arm nicht mehr heben konnte.

»Verstehst du jetzt, was Disziplin ist?«

Veronica nickte schwach. »Ja«, flüsterte sie rau.

Vince ließ die Peitsche fallen, löste sanft die Fesseln und trug seine Frau über die Schwelle ihres Schlafzimmers. Er legte sie mitten auf das Bett und kniete sich zwischen ihre Beine. Als er die Nippelklemmen entfernte, schrie sie auf. Ihre empfindlichen Nippel pochten, als das Blut wieder hineinschoss.

Veronica blickte Vince an und sah unerwartete Freundlichkeit in seinen Augen. »Habe ich dir gefallen?«, fragte sie.

Vince zog sich aus, kam zurück ins Bett und legte sich neben Veronica. Er ließ eine Hand über ihren flachen Bauch gleiten und begann, ihre Klitoris mit dem Daumen zu streicheln, während er zwei Finger in ihre nasse Möse steckte. Er drückte fest auf ihre Klitoris, und Veronica bog ihm die Hüften entgegen. Sie wollte mehr. Tränen traten ihr in die Augen. »Habe ich dir gefallen?«, fragte sie noch einmal, lauter dieses Mal. Vince schob seine nassen Finger in seinen Mund und leckte sie ab. Dann legte er sich auf sie und schob seinen Schwanz tief in ihre Möse. Veronica spreizte die Beine und schlang sie um ihn. Vince holte tief Luft und versuchte, sich unter Kontrolle zu halten. Veronicas ganzer Körper öffnete sich für ihren Mann. Ihr Arsch pochte immer noch um den Analstöpsel herum. Sie bog den Rücken und drückte ihre Brüste an Vince' Brustkorb, um seinen festen Körper an ihrem zu spüren.

Vince packte sie wieder an der Kehle. »Sieh mich an«, sagte er.

Veronica öffnete die Augen und erwiderte den Blick ihres Mannes. Sie begegnete jedem seiner Stöße und zog ihn tiefer in sich hinein. Schweißtropfen von seinem Gesicht fielen in ihren Mund, sie schluckte sie und versuchte, sich den Geschmack seines Körpers einzuprägen. Eine Welle der Lust überflutete sie, und als die vertrauten Zuckungen des Orgasmus einsetzten, fragte sie ein letztes Mal: »Habe ich dir gefallen?«

Vince zog sich zurück, hielt die Spitze seines Schwanzes an der bebenden, empfindlichen Öffnung ihrer Möse. Er drückte Veronica den Hals zu, und sie packte sein Handgelenk mit einer Hand. Vince stieß zu, und Veronica schrie auf, als die Lust wie ein Messer durch sie hindurchfuhr, so tief, dass sie glaubte, zerreißen zu müssen. Vince küsste sie aufs Kinn, dann auf die Lippen. Sein Kuss war so sanft, dass ihr ein Schauer über den Rücken lief. Einen Moment lang starrte er sie an. Schließlich sagte er: »Ja.«

Die Verhandlung

Remittance Girl

Der dunkle Mahagoni-Sitzungssaal reflektierte die beiden Personen, die einander gegenübersaßen. Die Frau saß aufrecht da. Die dunklen Haare waren zu einem Chignon zusammengefasst, und das Licht, das durch die Fensterläden drang, schimmerte darin. Unter den dunklen, geschwungenen Brauen blickten braune Augen ruhig durch die schwarz gerahmte Brille. Aber ihre scharlachroten Mundwinkel zuckten nervös und straften ihren gelassenen Gesichtsausdruck Lügen.

Sie zupfte an der Manschette ihrer schlichten Kostümjacke. Daran war nichts Bemerkenswertes, bis auf die Tatsache, dass sie keine Bluse darunter trug. Das Jackett war an der Taille zugeknöpft und enthüllte die Spalte zwischen ihren perfekten Brüsten. Unter dem Tisch und unter ihrem kurzen Wollrock schlug sie die nylonbestrumpften Beine übereinander. In der Stille des Raums hörte es sich an, als würde ein Vorhang zugezogen.

»Ihr Angebot ist beleidigend. Es spiegelt in keiner Weise den Wert unserer Leistung wider. Wenn dies der Eröffnungszug war, Sir, dann ist er gescheitert.«

Der Mann, der ihr gegenübersaß, lehnte sich in seinem schwarzen Ledersessel zurück. Er saß mit dem Rücken zum Fenster, und die scharfen Linien seines Kinns, seiner Nase und seiner Stirn wurden durch die Schatten hervorgehoben. Seine Miene war undurchdringlich. Er atmete tief ein und verschränkte die Finger vor dem Bauch. Er trug auch einen dunklen Anzug, aber darunter ein weißes Hemd mit einer burgunderroten Krawatte. Sein Blick glitt über den Tisch und blieb auf dem Spiegelbild seiner Kontrahentin, das von der polierten Tischplatte verzerrt wiedergegeben wurde, haften.

»Das Angebot reflektiert lediglich die Marktkräfte und die Risiken, die bei einem Handel dieser Art dazugehören. Wenn zwei Unternehmen gleicher Größe sich zusammentun, ist die Wahrscheinlichkeit groß, dass sie kurzfristig instabil werden. Dem müssen wir Rechnung tragen. Außerdem verhandeln wir in gutem Glauben. Viele Ihrer Leistungen sind noch gar nicht bewertet.«

Die Frau überlegte einen Moment lang. Dann legte sie beide Hände auf den Tisch und stieß sich ab. Ihr Stuhl rollte zurück, so dass ihr Gegenüber sie ganz sehen konnte.

»Im Interesse eines Vertragsabschlusses erlauben wir eine Begutachtung der Gegebenheiten«, sagte sie versöhnlich. »Es soll nicht heißen, dass die Verhandlungen durch Täuschung beeinträchtigt wurden.«

Langsam spreizte sie die Beine, bis ihr Rock sich straff um ihre Schenkel spannte. Ihre glänzenden Stilettos standen fest auf dem dicken grauen Teppichboden. Dann rutschte sie langsam auf dem Stuhl nach vorn und schob die Hüften vorwärts. Ihr Rock rutschte hoch und entblößte cremeweiße Haut über dem Spitzenrand ihrer schwarzen, halterlosen Nylonstrümpfe.

Ihr Gegner beugte sich vor und stützte sich mit den Ellbogen auf dem Tisch ab. Sein Blick war auf den dunklen Raum zwischen ihren Schenkeln gerichtet. Erneut atmete er tief ein, dann stieß er plötzlich den Stuhl zurück und stand auf. Langsam kam er um den Tisch herum und blieb neben ihr stehen. Er zog sich einen Stuhl heran und setzte sich.

»Ich finde ja Verhandlungen von Angesicht zu Angesicht immer produktiver«, flüsterte er, legte die Hand auf ihre Armlehne und drehte den Stuhl herum. Wieder saßen sie sich gegenüber, nur dieses Mal viel näher und ohne die Barriere des Tisches dazwischen.

Sie musterte ihn aufmerksam. Sein Gesicht war kantig, edel und leicht arrogant. Sein Lächeln erreichte nicht die stahlgrauen Augen unter den buschigen, grau gesprenkelten Augenbrauen. Seine Nase war gerade, seine schwarzen Haare wiesen ebenfalls graue Strähnen auf.

Es beunruhigte sie. Sie hatte geglaubt, ihr Gegner wäre nur ein oder zwei Jahre älter als sie. Aber als sie feststellte, dass er wesentlich älter war, fürchtete sie, seine Erfahrung könnte die Verhandlungen zu seinen Gunsten wenden. Jetzt allerdings stellte sie fest, dass sein Blick sich erneut zwischen ihre Beine richtete, und ein kleiner Muskel an seinem Kinn zuckte.

Die Frau seufzte leise und schob ihre Hüften noch ein wenig mehr vor. Das Leder knarrte leise, als sie mit den Schenkeln darüberglitt. Sie lächelte, wobei sie einen Mundwinkel mehr verzog als den anderen.

»Wie Sie sehen können, sind die Vorzüge so wie aufgeführt und beschrieben«, sagte sie. »Wir sind äußerst stolz auf das, was wir sind. Und wie bereits erwähnt, spiegelt Ihr Angebot die Qualität unserer Unternehmensstruktur in keiner Weise wider. Außerdem sind es nicht nur unsere Vorzüge, die bewertet werden müssen. Es wäre unklug, uns nicht zu vergewissern, dass unser Partner in diesem Handel nicht zumindest gleichwertige Qualitäten besitzt.«

Der Mann war auf seinem Stuhl ebenfalls leicht nach vorn gerutscht. Offensichtlich faszinierte ihn, was er sah. Die prominente Ausbuchtung in seiner Hose schien darauf hinzudeuten, dass in Kürze ein besseres Angebot zu erwarten war. Er legte den Finger an die geschürzten Lippen. Nachdem er eine Weile nachgedacht hatte, atmete er aus und blickte ihr in die Augen.

»Ihnen ist doch klar, dass ein Zusammenschluss nicht die einzige Option für uns ist? Ein Buy-out würde genauso gut funktionieren. Ich bin sogar der Meinung, dass ein schlichter Buy-out der profitabelste Schritt für uns beide wäre. Er würde eine viel zuverlässigere Führungsstruktur sicherstellen, weil es keinen Zweifel darüber gäbe, wer die Verantwortung trägt.«

Das Lächeln, das die Lippen der Frau umspielte, wurde breiter. Aber es bedeutete nicht Akzeptanz, sondern Herausforderung. Ihre Hand mit den lackierten Fingernägeln glitt zum Knopf ihres Jacketts und öffnete ihn. Der Blick wurde frei auf zwei kecke Elfenbeinkugeln, jede in der Größe einer kleinen Grapefruit. Kleine kaffeebraune Aureolen umgaben die rosigen Nippel.

»Ein Buy-out steht nicht völlig außer Frage«, sagte sie. Ihre Nippel richteten sich in der kühlen Luft des Büros auf. »Aber wir würden sicherlich nicht verkaufen, ohne zu überprüfen, dass das neu gebildete Unternehmen kompetent geführt würde. Als verantwortungsbewusstes Unternehmen möchten wir sichergehen, dass unsere Vorzüge in verantwortungsbewussten Händen liegen.«

Erneut beugte sich ihr Opponent vor. Dieses Mal legte er seine breiten Hände mit den manikürten Nägeln auf ihre Knie. Er zog leicht, und ihr Stuhl rollte auf ihn zu. Er schob seine Hände zu ihren Schenkeln hinauf unter den grauen Rock und fuhr mit dem Daumen leicht über den Streifen nackter, warmer Haut.

Sein Atem kam jetzt in tiefen Stößen. Sie schluckte, als seine Daumen über ihren sauber gestutzten Busch glitten. Sie hätte am liebsten die Hüften bewegt, aber jedes Zeichen von Entgegenkommen würde ihren Part in der Verhandlung schwächen. Gelassen blickte sie ihn an und atmete ruhig. Gelegentlich warf sie einen Blick auf seinen Schoß. Die Ausbuchtung hatte größere Ausmaße angenommen, und sein Schwanz drängte sich gegen den Stoff der Hose.

Die beiden Daumen zwischen ihren Beinen tauchten zwischen ihre Schamlippen, zogen sie auseinander und enthüllten die Nässe in ihrem Innern. Ihr Gegenüber strich mit dem Daumen über ihre pochende Klitoris. Der andere Daumen glitt um ihr Loch herum und drang schließlich in sie ein.

Verstohlen leckte sie sich über die Lippen. Wenn sie

zuließ, dass er so weitermachte, blieb ihr nicht mehr viel zum Verhandeln. Sie holte tief Luft, schlüpfte aus den hochhackigen Stilettos und legte einen nylonbestrumpften Fuß in den Schoß des Mannes. Mit den Zehen strich sie an seiner Erektion entlang. Zuerst berührte sie sie nur ganz leicht, aber als sie die Reaktion spürte, drückte sie fester und presste die ganze Fußsohle auf den Schwanz.

Er gab sofort nach, zog eine Hand zurück und öffnete seine Hose. Dann packte er ihren Fuß und drückte ihn fest an seinen heißen Schwanz.

Er war wirklich meisterhaft im Führen, dachte sie, als sie einen kleinen feuchten Fleck am Zeh spürte. Sanft neckte sie seine Eichel. Ihr Gegenüber stöhnte und drückte seinen Daumen tiefer in ihre nasse Höhle. Einen Moment lang fragte sie sich, ob sie nicht die Oberhand hatte, aber dann begann sie wie von selbst mit den Hüften zu stoßen und zeigte ihm deutlich ihr Verlangen.

Gerade als sie beschlossen hatte, dass ein Buy-out tatsächlich das beste Angebot war, schob er den Stuhl zurück und stand auf. Ohne Vorwarnung hob er sie hoch und drückte sie mit dem Gesicht nach unten auf den Konferenztisch. Er zerrte ihren Rock über ihre Hüften, und sie spürte die kühle Luft auf ihrem nackten Hintern. Ihre Brüste rieben sich an dem glatten Holz.

Er streichelte über die seidige Haut ihrer Arschbacken. Sein Atem ging stoßweise, als er ihre Beine mit dem Knie auseinanderdrückte.

»Ich glaube, wir sind über das erste Stadium der Verhandlungen schon hinaus«, keuchte er. Zwischen ihren

Beinen fühlte die Frau die klebrige Eichel des Mannes; er schob die Spitze tief in die Falten ihrer Möse.

»Das ist doch kein Buy-out, oder?«, keuchte sie rau und wand sich unter ihm. Ihre gesamten Strategien waren mit einem Schlag zunichte geworden. Ihre Position war unrentabel, ihre Eröffnung verloren.

»Nein«, grunzte ihr Gegenüber und stieß seinen dicken, pulsierenden Schwanz in ihre samtige Höhle. »Das ist eine feindliche Übernahme, meine Liebe«, keuchte er.

Sie spürte, wie er ihr das Jackett vom Leib riss und seine Hände über ihren nackten Rücken gleiten ließ. Wie sollte sie dem Vorstand gegenübertreten? Wie sollte sie die Veränderung in den Eigentumsverhältnissen erklären? Aber wie hätte sie diesem köstlichen Schwanz, der in ihr immer dicker wurde, widerstehen können? Wimmernd spannte die Frau die Muskeln ihrer Möse um seinen Schaft und molk ihn.

Ihr Besitzer beugte sich lachend über sie. Seine goldene Krawattennadel bohrte sich in ihr Fleisch, als er ihr ins Ohr flüsterte: »Oh, was Sie doch für eine gierige kleine Möse haben, Liebste!«

Sie stöhnte, als er seinen Schwanz fest in sie hineinrammte. Die Wucht des Stoßes schob sie über die glänzende Tischplatte. »Das ist mein Unternehmen, und hier werden die Dinge so gemacht, wie ich es will«, sagte er.

Ihre Hüften bogen sich ihm entgegen, und sie rieb sich an ihm. Seine Hände umfassten ihre Titten und drückten und kneteten sie, während er sie fickte.

Vor Lust schloss sie die Augen und spreizte ihre Beine,

so weit sie konnte. Tief im Innern baute sich ihr Orgasmus auf, als seine Stöße immer wilder und drängender wurden.

»Ah ja«, zischte er. »Jetzt ... jetzt gehörst du mir.«

»Ja«, stöhnte sie. »Aber ... warum ... warum hast du nicht einfach das Geschäft von deinen Anwälten machen lassen? Du hättest doch einen viel größeren Konzern als unseren kaufen können.«

Er fickte sie hart und hielt ihre Hüften fest, als er in ihr süßes Loch hineinhämmerte. Sie schrie auf, als sie kam. Wellen der Lust schlugen über ihr zusammen, und sie umfasste seinen Schwanz mit ihren zuckenden Muskeln.

Plötzlich grunzte und zuckte auch er, heiße Ströme seines Spermas pumpten in ihre Möse. Sie umschlang ihn fest und nahm ihn stöhnend auf.

Er vergrub sein Gesicht an ihrem Hals und flüsterte: »Aber ich mochte dich so sehr, dass ich das Unternehmen kaufte.«

Ein Abend in der Oper

Evan Mora

Ich warte auf dich.

Ich sitze gegenüber dem Eingang des Restaurants, an einem Tisch, den du ausgewählt hast. Langsam schwenke ich den Inhalt meines Glases herum – ein Rotwein, der mich bei meiner Ankunft schon erwartet hat. Er verändert sich bei jedem Schluck: elegant, mysteriös und komplex, mit subtiler, aber unverkennbarer Intensität. Er erinnert mich an dich.

Ich verziehe keine Miene, während ich hier sitze, äußerlich gelassen und entspannt. Nichts in meinem Verhalten verrät meine Nervosität, außer einem leichten Zittern der Hand, als ich das Glas an die Lippen hebe. Ich trage ein schlichtes, ärmelloses schwarzes Kleid, wie du vorgeschlagen hast.

Die Tür geht auf, und du kommst herein. Sofort fällt dein Blick auf mich. Mein Herz stolpert. Du ziehst einen Mundwinkel leicht hoch – ich bin entdeckt. Ich stelle mein Glas ab, falte die Hände im Schoß und schlage die Augen nieder. Selbst aus der Distanz ist deine Wirkung auf mich stark. Mein Körper spannt sich vor Erwartung an, als ob deine Anwesenheit ihn geweckt hätte.

Ich blicke auf, um dich erneut anzusehen, und sauge deine Erscheinung förmlich auf: dein maßgeschneiderter grauer Anzug, das schwarze Hemd, das deine dunklen Haare und deine strahlend blauen Augen betont. Die Gastgeberin hat dich in ein Gespräch verwickelt, du hörst ihr zu und antwortest ihr in deiner ruhigen, selbstbewussten Art, wobei du mich jedoch nicht aus den Augen lässt. Und dann trittst du auf mich zu. Du bewegst deinen Körper mit der geschmeidigen Anmut eines Jaguars, der auf seine Beute lauert.

Du setzt dich mir gegenüber, und obwohl mein Körper sich nach deiner Berührung sehnt, berührst du mich nicht. Verlangen und Enttäuschung durchströmen mich. Mein Unbehagen gefällt dir, und du tust nichts, um es zu erleichtern. Stattdessen plauderst du gewandt mit mir, während wir das Abendessen und eine Flasche Wein zu uns nehmen, und ich muss die Erregung, die sich in meinem Körper ausbreitet, ignorieren, um dir auf deine Fragen zu antworten. Du bist hochintelligent und verlangst auf allen Gebieten äußerstes Engagement von mir. Du forderst mich heraus, und die Intensität unseres Gesprächs verführt mich ebenso sehr wie die Hitze deines Blicks.

Die sinnliche Bewegung, mit der dein Daumen über das Weinglas streichelt, lenkt mich ab, ich kann kaum den Blick abwenden. Du stellst mir eine Frage, aber ich blicke wie hypnotisiert auf deine Hand. Mein Körper reagiert, als würdest du mich liebkosen und nicht das Glas. Heftiges Sehnen überfällt mich, ich schließe für den Bruchteil einer Sekunde die Augen. Ich zittere hilflos, wenn ich nur an deine Berührung denke. Als ich dich wieder anschaue, sehe ich tief in deinem Blick das Wissen um die Macht, die du über mich hast, und ich bin so entblößt, als stünde ich nackt vor dir.

Gleich müssen wir ins Theater, also entschuldige ich mich und gehe zur Toilette, in der Hoffnung, meine Erregung wenigstens ein bisschen in den Griff zu bekommen. Ich stütze mich am Waschbecken ab und hole tief Luft. Aber ich finde nur kurz Ruhe. Die Tür geht auf, und ich sehe im Spiegel, dass du hinter mich trittst. Ich will mich umdrehen, aber dein Kopfschütteln hält mich davon ab. Ich habe dir den Rücken zugewandt, du stehst ganz dicht hinter mir.

Und immer noch berührst du mich nicht.

Du beugst dich vor und hältst deinen Mund – deinen schönen Mund – dicht an mein Ohr. Dann flüsterst du mir zu, ich solle mein Höschen ausziehen. Ich keuche über die Intimität dieses Befehls. Nur den Bruchteil einer Sekunde zögere ich, aber ich weiß, es ist zu lang, und schon legt sich deine Hand an meinen Nacken und drückt mich nach vorn. Ich stöhne über meine verletzliche Position, zugleich aber auch wegen deiner Berührung. Mit der anderen Hand greifst du unter mein Kleid. Deine Handfläche gleitet meinen Schenkel hinauf, bis sie meine Nässe erreicht. Ich flüstere »Bitte«, aber auch das verwehrst du mir. Stattdessen reißt du mir meinen String mit einem Ruck herunter.

Ich zittere am ganzen Leib. Du nimmst die Hand von meinem Nacken und lässt sie über meinen Rücken zu meiner Hüfte hinuntergleiten. Ganz kurz spüre ich deinen steifen Schwanz unmissverständlich an meinem Hintern. Ich schließe die Augen und genieße den Moment ... aber schon ist er wieder vorbei. Ich schreie leise auf, als ich deine Berührung nicht mehr spüre, und öffne die Augen. Du stehst bereits an der Tür und wartest auf mich. Das zerrissene Höschen steckst du in die Jackentasche. Ich suche in deinem Gesicht nach einem Beweis für dein Verlangen, ein Zeichen, das mir sagt, dass dieser kleine Austausch dich ebenso mitgenommen hat wie mich, aber dein Gesicht ist eine gleichmütige Maske, die nichts zu erkennen gibt.

Wir verlassen das Restaurant, gehen schweigend die kurze Strecke zum Theater. Ich bin aufs Äußerste erregt, elend vor Verlangen nach dir, und mein Körper ist aufgewühlt. Unter dem dünnen Stoff meines Kleides ist mein Geschlecht entblößt, die kühle Abendbrise küsst die Feuchtigkeit, die sich dort gesammelt hat. Meine Wangen brennen vor Scham. Ich fühle deinen wissenden Blick und bin um Haltung bemüht, aber ich kann nicht. Ich weiß genau, wenn du mich jetzt in eine dieser dunklen Seitenstraßen drängen und mich auf die Knie drücken würdest, dann würde ich eifrig mit Lippen, Zähnen und Zunge deinen Schwanz aus der Hose holen und ihn gierig ganz aufnehmen. Ich würde ihn in den Mund nehmen, bis ich würgen müsste, würde den gesamten Schaft mit meinem Speichel bedecken, bis dein Atem stoßweise käme und der Orgasmus dich überwältigte. Ich würde dich bitten, dass ich mich selbst berühren dürfte, und dort auf dem Pflaster, auf den Knien liegend, würde ich für dich meine Klitoris streicheln, bis ich explodieren und meine Lust laut herausschreien würde.

Aber du führst mich nicht in die Seitenstraßen – du bleibst völlig beherrscht und ruhig.

Tosca ist großartig, aber im Moment hasse ich Puccini. Ich hasse die Sekunden, Minuten und Stunden, die sich zwischen diesem dunklen Theater und dem Moment erstrecken, in dem ich nackt unter dir liege. Ich hasse es, dass ich so denke und auf meinem Platz hin- und herrutsche, während du die Aufführung genießt. Ich habe das Gefühl, dass ich dich irgendwie enttäusche, weil ich das Bedürfnis nicht unterdrücken kann, das durch meinen Körper pocht. Unglücklich ringe ich die Hände im Schoß, unfähig, sie ruhig zu halten.

Ganz langsam malt deine Hand unsichtbare Muster über meinen Schenkel. Ich wage kaum zu atmen, aus Angst, dass du aufhörst, und werde für mein Stillhalten belohnt, als deine Hand über die zarte Haut an der Innenseite meines Oberschenkels gleitet. Die Geräusche der Oper treten in den Hintergrund, meine Welt dreht sich nur noch um deine Hand, die immer näher an meine Nässe herangleitet. Aber dein Rhythmus ist nicht vorhersehbar; ich weiß nie, wann du streichelst und wann du aufhörst, und ich kann nur die Luft anhalten und zitternd warten, bis du weitermachst. Neckend liegen deine Finger am Saum meines Rocks, so dass ich mir auf die Lippen beißen muss, um nicht laut aufzustöhnen. Dann schiebst du sie unter den Stoff, bis sie meine nasse Möse erreichen und in meine Falten hineingleiten. Ganz von allein spreizen sich meine Schenkel, und ich biete dir die heiße Flut meiner Erregung dar. Hier in diesem engen Raum, wo ich nichts sagen und tun kann, um dir zu zeigen, was ich empfinde, kann ich dir nur so begegnen. Alles gehört dir, so sicher wie ich.

Ich spüre, dass du es zu schätzen weißt, weil du deine Hand fest auf mein schlüpfriges Geschlecht drückst und deine Finger in meine Möse schiebst. Du beugst dich zu mir und flüsterst mir ins Ohr, ich solle jetzt hier im Theater für dich kommen, aber dabei keinen Laut von mir geben. Deine Stimme ist wie Sex für mich; ich fühle jedes Wort, das du mir ins Ohr hauchst, an meiner Klitoris, während mir der Saft über die Beine rinnt. Beinahe komme ich nur von deinen Worten, und ich nicke, auch wenn es eigentlich nicht darum geht, dass ich zustimmen muss. Du schiebst die Finger in meine Möse und reibst meine Klitoris so fest, dass mich die Wellen des Orgasmus überkommen. Meine Möse zieht sich vor Lust zusammen, aber gerade als die zweite Welle mich überwältigen will, ziehst du die Hand weg und sagst: »Genug.« Ich keuche auf. Der unterbrochene Orgasmus schmerzt beinahe so intensiv, wie es vorher die Lust war.

Du wartest, bis mein Atem sich wieder normalisiert hat, dann nimmst du deine Hand weg und wischst sie mit einem Taschentuch ab, das du aus der Tasche ziehst. Ich fühle mich benommen und desorientiert, und die letzten Takte der Oper verschwimmen in Musik und Applaus, hellem Licht und Stimmengewirr um mich herum. Der feste Druck deiner Hand auf meinem Rücken führt mich durch den Lärm hinaus in die Stille deines Autos.

Meine Erregung lässt nicht nach, als du uns durch die Dunkelheit nach Hause fährst.

Du berührst mich erst wieder, als die Tür deines Penthouse hinter uns ins Schloss gefallen ist. Du wirfst mich zu Boden und öffnest gleichzeitig den Reißverschluss deiner Hose, um deinen Schwanz herauszuholen. Ich krabble auf die Knie, du packst meinen Hinterkopf, und dann ist dein Schwanz in meinem Mund. Ich halte mich an deinen Beinen fest, als du auch schon grob in mich hineinstößt. Ich würge an deinem dicken Schaft, Tränen treten mir in die Augen, und ich bin so selig und nass, weil ich dich endlich berühren darf, von dir benutzt werden darf, dir Lust verschaffen darf. Du fickst in meinen Mund, und deine Hand in meinen Haaren zieht meinen Kopf in deinem Rhythmus an deine Hosenbeine heran. Dein Geruch, eine Mischung aus Cologne und Erregung, steigt mir in die Nase. Das einzige Geräusch, das die Stille durchbricht, ist mein keuchender Atem.

Ich möchte, dass du kommst. Ich möchte spüren, wie du die Kontrolle verlierst. Ich möchte spüren, wie deine Schenkel zittern und deine Hände meine Haare fester packen. Ich möchte, dass du zeigst, wie gut ich für dich bin. Aber du hast andere Vorstellungen. Du lässt mich los und trittst einen Schritt zurück, beraubst mich deiner Wärme und Unterstützung, und ich knie mit niedergeschlagenen Augen vor dir.

»Sieh mich an«, sagst du, und ich gehorche. Du ziehst dein Jackett aus und wirfst es auf einen Stuhl an der Tür. Du löst deine Manschettenknöpfe, nimmst die Uhr ab und legst sie auf den Konsoltisch. Du rollst die Ärmel auf, knöpfst dein schwarzes Hemd auf und lässt es offen hängen, so dass ich das weiße Unterhemd darunter sehe. Ich verschlinge dich mit meinen Blicken; deine dunklen Haare fallen dir in die Stirn, deine Wangen sind leicht gerötet, und unter dem weißen Baumwollstoff des Unterhemds zeichnet sich dein flacher Bauch ab. Du umfasst deinen Schwanz, der noch nass ist von meinem Speichel, und streichelst dich. Du bist so schön, und ich will dich mehr als meinen nächsten Atemzug.

Du sagst mir, ich solle aufstehen, dann trittst du an mich heran, bis ich deinen heißen Atem auf meiner Wange spüren kann. Um dir in die Augen sehen zu können, muss ich aufblicken. Schließlich trittst du noch einen Schritt vor und noch einen, und mir bleibt gar nichts anderes übrig, als zurückzuweichen, bis ich mit dem Rücken zur Tür stehe. Du fragst mich, ob ich das Abendessen genossen habe. Ich bejahe. Du fragst mich, ob ich die Oper genossen habe. Ich sage ja. Du schüttelst den Kopf, deine Augen glitzern gefährlich – du solltest wissen, dass du mich nicht anlügen kannst, sagst du. Du schiebst mein Kleid hoch, bis es sich um meine Taille rollt, und deine Finger stoßen tief in mein nasses Loch. Ich keuche vor Lust. Du drückst deinen Körper an meinen und fickst mich hart mit den Fingern, in einem stetigen Rhythmus. Du sagst, du hättest gesehen, wie ich auf meinem Platz hin- und hergerutscht sei, du hättest meine Erregung gerochen, wie bei einer läufigen Hündin. »Stimmt das etwa nicht?«, fragst du, und ich nicke zustimmend. Ich bin genau das.

»Willst du meinen Schwanz, du hungriges Luder?«,

grollst du in mein Ohr. Ich wimmere und schließe die Augen, berauscht von deinen Worten und deinen pumpenden Fingern in meiner Möse. Aber dann schlägst du mir ins Gesicht, ich schreie auf und bin wieder in der Wirklichkeit. Meine Gedanken überschlagen sich. Was habe ich getan, um dein Missfallen zu erregen? »Ich habe dir eine Frage gestellt«, sagst du. »Ich möchte mich nicht wiederholen müssen.« Und ich überschlage mich vor Eifer, dir zu antworten, sage in einer atemlosen Stimme, die ich kaum erkenne, wie sehr ich deinen Schwanz in mir fühlen möchte. Ich bitte dich, mich zu ficken, und spüre, wie meine Wangen heiß werden. Ich bin die gierige Hure, wie du immer sagst, und meine hungrige Möse sehnt sich nach Erlösung. Und dabei stößt du die ganze Zeit deine Finger in mich hinein.

Ich werde für meine Antwort mit einem Kuss belohnt, und zum ersten Mal heute Abend spüre ich deine wundervollen Lippen auf meinen. Deine Zunge leckt über meine Mundwinkel und verlangt aggressiv Einlass. Stöhnend gebe ich mich deinem Kuss hin, und immer leidenschaftlicher küsst du mich.

Du packst mich um die Taille und hebst mich hoch. Immer noch an die Tür gepresst, schlinge ich die Beine um deine Taille. Mit einer Hand stützt du mich unter dem Arsch, dann drückt dein Schwanz gegen mein Loch. Da er nicht auf Widerstand stößt, gleitet er hinein, bis ich ganz von dir erfüllt bin. Ich keuche und muss den Kuss unterbrechen, um dich ganz aufnehmen zu können. Du lächelst. »Ist es das, was du willst?«, fragst du mich und stößt erneut zu.

»Ja«, zische ich und fühle dich endlich tief in mir, in dem Rhythmus, den mein Körper den ganzen Abend ersehnt hat.

Jetzt neckst du mich nicht mehr. Du stößt kraftvoll zu, fickst mich hart und schnell und grollst, dass du meine zuckende Möse um deinen steifen Schwanz spüren willst. Ich soll kommen, du willst meine Nägel spüren, willst mich grunzen hören und den Schweiß auf meiner Haut schmecken. Ich spüre, wie die Spannung sich aufbaut. Bei jedem festen Stoß, bei jedem Wort, das du mir ins Ohr hauchst, wird sie stärker. Meine Schenkel schlingen sich fest um deine Taille, und ich biege mich dir bei jedem Stoß entgegen, will immer noch mehr. Ich weiß, morgen wird mir alles wehtun, ich werde jenen süßen Schmerz in der Möse verspüren, der mich an dich erinnert. Ich stöhne vor Lust bei dem Gedanken daran und reibe meine Möse noch fester an dir, bis der Orgasmus mich überwältigt und ich erlöst aufschreie. Du fickst mich weiter, verlangsamst deinen Rhythmus nicht, als Spasmen der Lust durch meine Möse zucken. Welle folgt auf Welle, bis ich es fast nicht mehr aushalten kann.

Erst dann hörst du auf und lässt mich herunter. Ich möchte mich nur noch an dich kuscheln und ausruhen, aber es gibt keine Ruhepause. Du drehst mich um, so dass ich vor dir knie, Schultern auf dem Boden. Du kniest hinter mir, eine Hand auf meinem Arsch, die andere führt deinen nassen Schwanz in meine schmerzende Möse, bis du mich erneut aufgespießt hast. Ich stöhne unwillkürlich, und wieder beginnen wir mit langsamen

Stößen, die rasch schneller werden. Du sagst mir, ich soll meine Klitoris für dich streicheln, und ich wimmere ein bisschen, weil mein Fleisch mittlerweile überempfindlich auf Berührung reagiert, aber ich gehorche dir und beginne sie mit leichten Bewegungen zu streicheln. Du sagst, ich soll mich so lange streicheln, bis ich erneut komme, und mir ist ganz elend, weil ich ehrlich gesagt nicht glaube, dass ich das kann. Du schlägst mir fest auf den Hintern, ich schreie auf. »Tu es«, sagst du und unterstreichst jedes Wort mit einem harten Stoß.

Irgendwie ist es so leichter, wenn dein Schwanz hart in mich eindringt und deine Hände meine Hüften fest umklammern. Auch dort werde ich blaue Flecken bekommen, als Beweis, dass ich dir gehöre. Ich mag deine Markierung auf mir; mit ihr fühle ich mich in meiner Nacktheit weniger nackt. Dann stöhnst du, und deine Finger graben sich tief in mein Fleisch. Deine Stöße werden schneller. Mein Geschlecht erwacht zum Leben, ich umkreise meine Klitoris fester, spüre, wie sie pocht und wie diese köstliche Spannung sich erneut aufbaut, gleichzeitig mit deiner Erregung. Dein Atem kommt flach und stoßweise, deine Hände beginnen zu zittern, ich streichle meine Klitoris fester. Auch meine Lust wächst. Das Gefühl, dass du die Kontrolle über dich verlierst, während du deinen Schwanz in mich hineinpumpst, so hart und schnell du kannst, überwältigt mich. Endlich schreist du deine Erlösung heraus, und mein Orgasmus trifft mich wie ein Frachtzug.

Wir sinken beide auf dem Boden zusammen und liegen ganz still, bis unsere Herzen wieder langsamer schlagen, unser Atem sich beruhigt und die kühle Luft den Schweiß auf unserer Haut getrocknet hat. Du stehst auf, reichst mir deine Hand und führst mich wortlos zum Bett. Mit sanften Fingern und kleinen Küssen ziehst du erst mich, dann dich aus, schlägst die Decke zurück und schlüpfst neben mir ins Bett. Du bettest meinen Kopf an deiner Schulter und deckst uns warm zu. Dann küsst du mich zärtlich auf die Stirn und flüsterst, ich sei ein gutes Mädchen, ich sei dein Mädchen. Mein Herz schlägt schneller. Ich gehöre dir.

Mamas Junge

Doug Harrison

Marc hatte seinen Hintern an die Bondage-Bank gelehnt und die Ellbogen auf die Lederfläche gestützt. Er atmete schwer von der Anstrengung. Sein mit einem Kondom bedeckter Schwanz ragte vor ihm auf. Unwillkürlich starrte ich ihn an, als ich zur Seite rutschte. Ich fantasierte, er wäre ein Klient, und konnte förmlich spüren, wie erregt ich wurde, als ich ihn am Tisch festband – so fest, dass er sich nicht mehr bewegen konnte. Nicht mit einem komplizierten Harnisch aus Stricken, meiner Spezialität, sondern mit Lederfesseln an Handgelenken und Knöcheln, mit gespreizten Gliedmaßen, die Muskeln straff gespannt, so dass sein fantastischer Körper betont wurde. Ich konnte mit Zunge und Fingern über jeden Zentimeter seines Körpers fahren, seinen Schwanz reizen, bis er um Erlösung bettelte, und mich dann ganz langsam auf ihn herabsenken und ihn um den Verstand ficken.

Ich verdrängte diese Gedanken und hockte mich neben ihn. Meine Füße ragten über die Kante, und trotz meines Alters sah ich aus wie ein Schulmädchen, das auf einem Tisch auf dem Spielplatz sitzt. Ich legte meine Hände auf seine Oberschenkel. Ein paar Minuten vergingen. Marc starrte auf die weiß verputzte Wand. Seine Erektion erschlaffte.

»Sieht so aus, als ob es gut gelaufen ist«, sagte ich.

»Hoffentlich«, erwiderte Marc.

»Wie fühlst du dich?«

»Ganz okay. Ein bisschen aufgedreht, aber das vergeht wieder. Zuerst fand ich es merkwürdig, für etwas so Normales wie SM bezahlt zu werden.«

»Ich habe gelernt, meinen Instinkten zu vertrauen.«

»Ja, ich auch.« Marc stand auf, streckte sich und entfernte das Kondom. Er blickte in einen der hohen Spiegel, als er das gefüllte Gummi in einen Abfalleimer warf.

»Ja, ja, du siehst gut aus«, spottete ich. »Nicht schlecht für einen Mann, der gerade fünfunddreißig geworden ist«, fügte ich hinzu. »Und das findet unser Klient auch. Er wirkte so … nachdenklich. Was auch immer du getan hast, hat funktioniert. Er will wissen, wann wir dich wiedersehen können.«

»Das freut mich.« Marc grinste. »Freut mich, dass ich ›Herrin Michelle‹ assistieren konnte. Außerdem habe ich es auch genossen.«

»Als er stammelte, er wolle gern mit einem Mann zusammen sein, habe ich sofort an dich gedacht.«

»Was für ein Glück, dass ich gerade in der Gegend war.«

»Ja, ich habe ja am Telefon bereits gesagt, dass ich gehört hatte, du seist zurückgekehrt.«

»Die SM-Gemeinschaft hat große Ohren.«

»Und noch größere Münder.«

Wir lachten beide.

»Weshalb bist du zurückgekommen?«, fragte ich.

»Wir Ingenieure kommen viel herum. Aber hier in Silicon Valley ist es gut. Hier gibt es mehr Perverse als in jeder Stadt im Mittleren Westen.«

»Und sie werden eher akzeptiert.«

»Genau.«

»Ich weiß noch, wie ich dich vor Jahren auf der Janus-Party kennen gelernt habe.«

»Meine erste.«

»Ja, das hat man gemerkt. Du wirktest ein bisschen nervös, aber dein Befehlston hat das alles wettgemacht.«

»Und du hast mir sozusagen gezeigt, wo die Stricke hängen.«

Wieder lachten wir.

»Du hast schnell gelernt«, sagte ich. »Du hast einen guten Ruf in der Community.« Ich zwinkerte ihm zu. »Bei Männern wie auch bei Frauen.«

»Ja.«

»Wen ziehst du vor?«

»Schwer zu sagen. Fünfzehn Jahre Ehe und zwei Kinder prägen einen.«

»Ich habe dich ebenso auf pansexuellen Partys gesehen wie in schwulen Sex-Clubs.«

»Ja, und ich hatte auch ein oder zwei Freunde.«

Ich zuckte mit den Schultern. »Na ja, jetzt bist du hier. Ich hoffe, du kannst immer noch mit Frauen umgehen.«

»Ja, klar, ich bin nicht gebunden.« Marcs Augen funkelten. »Ich finde es toll, hier zu sein. Danke, dass du mich eingeladen hast.«

»Ich danke dir. Obwohl wir eben mit einem Klienten zusammen waren, habe ich noch gedacht, wie sehr du mir gefehlt hast. Gott, ich würde sogar für deinen wundervollen Körper bezahlen!« Ich fuhr mit einem rot lackierten Fingernagel über Marcs Brustkorb.

»Für dich mache ich es immer umsonst«, gab Marc zurück.

Ich hielt inne und flüsterte dann mit rauchiger Stimme: »Nimm mich, Marc, nimm mich.«

Marc legte den Kopf schräg und zog eine Augenbraue hoch. »Keine Grenzen?«

»Keine Grenzen, Baby.« Ich warf die Haare zurück, um meine Nervosität, echt oder gespielt, zu verbergen.

Marc trat auf mich zu. Sein Schwanz wurde bereits hart. Er packte in meine roten Haare und zerrte mich hoch. Meine silbernen Strähnen entgingen ihm nicht. Er blickte mich an. »Willst du es wirklich, du alte Schachtel?«

Ich zuckte zusammen. Nun, ich hatte es nicht anders gewollt.

»Leck mir die Stiefel.« Marc ließ mich zu Boden sinken. »Lass mich deine Mama-Zunge spüren. Mach Liebe mit den Stiefeln deines Jungen.«

Ich nahm Marcs rechten Stiefel fest in beide Hände, presste mein Gesicht gegen das Leder und bedeckte es mit Küssen. Ich leckte und schlug meine Zähne in das schwarze, schimmernde Leder. Marc stellte seinen linken Fuß auf meine Schulter.

»Verdammt, du bist ein großartiges Fußbänkchen«, zischte er.

»Oh, ja, ja«, stöhnte ich und blickte zu Marc auf.

»Halt den Mund und leck weiter«, sagte Marc und versetzte mir einen Tritt in den Hintern. Ich machte mich wieder an die Arbeit, belebt von seinem Kompliment über mein wohlgerundetes Hinterteil. Ich bin zwar selbstbewusst, was meinen Körper angeht, aber mit fünfundfünfzig ist man auf jedes Kompliment angewiesen.

»Ja, genau, so fühlen sich die Füße deines Jungen wohl«, ermutigte mich Marc. »Ich mag es, wenn du auf den Knien liegst. Da gehörst du auch hin, du Schlampe. Fühlt sich gut an, was?«

Ich nickte.

»Jetzt den anderen Stiefel. Der andere soll sich auch gut fühlen.«

Ich wandte mich dem linken Stiefel zu. Marc griff in seine Tasche und zog Handschuhe heraus. Methodisch streifte er sie über.

»Du bist ziemlich gut im Stiefellecken«, knurrte er. Er zerrte mich in eine kniende Position. »Sieh mal, hier ist ein Geschenk für Mama.« Ich atmete tief ein, als Marc mir seinen Handrücken unter die Nase hielt. Der Lederhandschuh war hauteng, und in die Knöchel waren Bleigewichte eingenäht.

Er steckte mir den Daumen in den Mund. Erschauernd saugte ich daran, aber bald schon wurde aus meinem Zögern Gier. Marc umfasste mein Kinn mit den Händen und schaute mir in die Augen.

»Ich liebe die Überraschung in deinem Blick.« Er schlug mich fest auf die linke Wange. »Ich sehe gerne Angst in deinen Augen – es macht mich an.« Er schlug mir auf die andere Wange. »Ich werde dir Schmerzen zufügen.« *Klatsch. Klatsch.* »Ich werde dir so viel Schmerzen zufügen, dass du es nicht mehr aushalten kannst ...« *Klatsch.* »Aber trotzdem wirst du mehr wollen.« *Klatsch.* »Du stehst auf Schmerzen.« *Klatsch. Klatsch. Klatsch.* »Du wirst um Schmerzen betteln.«

Marc hielt inne. »Hast du das kapiert, du Schlampe?«

Ich wimmerte und wand mich in seinem festen Griff.

Marc stieß mich zu Boden. »Zieh diese verdammten Domina-Klamotten aus«, befahl er. »Beeil dich!«

Rasch schlüpfte ich aus Stiefeln, Rock und Bustier. Mein Blick huschte zu meinem Vibrator, der an einem Haken an der Wand hing.

»Du brauchst deinen verdammten Vibrator nicht«, schrie Marc mich an. Höhnisch verzog er das Gesicht, während ich vor Scham wimmerte. »Der beste Freund einer alten Dame – na, ich werde es dir schon schön machen. Und jetzt kriech zum Pferd; du bekommst einen ordentlichen Ritt.« Er schubste mich mit der Stiefelspitze auf alle viere.

Ich blieb vor dem Bock aus Walnussholz stehen. Sitzfläche und Beine waren mit dickem Leder bezogen, und zahlreiche Metallringe waren an ihm angeschraubt.

»Beweg deinen Arsch da hinauf«, befahl Marc. Ich kletterte auf das Pferd. Mein Hintern hing über die Kante, und mein Kinn lag am anderen Ende auf. Marc nahm ein paar Lederriemen, die ordentlich zusammengerollt auf dem Regal lagen. Einen der Riemen hielt er mir unter die Nase, damit ich den vertrauten Duft riechen konnte. »Wenn ich fertig bin, gehst du nirgendwo mehr hin.«

Er fesselte mich an den Oberschenkeln, Unterschenkeln und Oberarmen an die Beine des Bocks. Jedes Mal, wenn er einen Riemen festzurrte, stöhnte ich vor Lust. Zum Schluss band er mir einen breiten Gürtel um die Taille.

»Das gefällt dir, was? Deine ganze verdammte Macht an deinen Jungen abzugeben?«, fragte Marc. Ich nickte.

»Antworte mir!«, herrschte er mich an. Er stand vor mir und zog mir den Kopf an den Haaren hoch, bis unsere Blicke einander begegneten.

Ich wimmerte unter Tränen.

Marcs Schwanz war knallhart. Adern pochten an dem dicken Schaft.

»Dann saug daran. Zeig mir, wie sehr du den Jungenschwanz liebst.« Marc schlug mir mit seinem Schwanz auf die Wangen. Ich drehte den Kopf und zog die Spitze seines hüpfenden Schwanzes in den Mund. Marc rammte ihn mir tief in die Kehle, und ich rang keuchend nach Luft.

»Du schwanzlutschende Schlampe. Ja, genau, mach deinem Jungen ein gutes Gefühl. Darauf hast du doch den ganzen Abend gewartet, oder? Nimm ihn, du Schlampe, nimm ihn!«

Ich war gut im Blasen, selbst in dieser Position und selbst bei Marcs überdurchschnittlich großem Schwanz. Ich knabberte, saugte, lutschte. Marc rieb mir mit seinen behandschuhten Händen über die Schultern und schlug mir ab und zu auf den Rücken, wenn sein Schwanz hinten an mein Gaumensegel stieß.

»Ja, ja, ja«, gurgelte ich und ballte die Fäuste.

Plötzlich hielt Marc inne und stand ganz still. »Warte.« Zehn Sekunden lang verharrten wir beide bewegungslos. Sein Schwanz wurde schlaffer, und meine Augen weiteten sich, als ich die ersten bitteren Tropfen seines Urins schmeckte. Ich schloss die Lippen fest um seine Eichel. Ich hatte diese Erfahrung schon ein paar Mal gemacht, immer gegen Geld, aber nie mit einem solchen Hengst.

»Ja, genau. Du darfst keinen Tropfen verschütten. Hier kommt es.« Marc atmete tief durch und ließ laufen. Grunzend pinkelte er mir seinen Strahl in den Mund. Ich schluckte hastig, um nichts zu verschütten.

»Gut, sehr gut.« Marc nickte zustimmend. Der Strom ließ langsam nach. Er zog seinen Schwanz aus meinem Mund und wischte sich die Eichel mit meinen Haaren ab.

Ich seufzte.

Marc kniete sich hin und küsste mich grob auf die Lippen. Dann trat er an die Wand. Meine Augen folgten jeder seiner Bewegungen. »Ich glaube, ich probiere mal das Stöckchen aus«, sagte er spöttisch.

»Nein!«, heulte ich. »Ich hasse es, ausgepeitscht zu werden!«

»Sei still!«, grollte Marc. Er ergriff ein paar Stöckchen und ließ sie nacheinander durch die Luft sausen. »Das habe ich noch nicht oft gemacht«, murmelte er. Er wählte eine lange Birkengerte und trat wieder zu mir. Ich erschauerte.

»Schieb deinen Mama-Arsch in die Luft für deinen Jungen«, befahl er. »So hoch du kannst!«, fügte er hinzu.

»Oh, Scheiße«, grummelte ich, während ich gehorchte.

»Was hast du gesagt?«, wollte Marc wissen. »Lauter.«

»Oh, Scheiße«, heulte ich.

»Ja, das habe ich auch verstanden. Ich werde jetzt gleich die Scheiße aus dir herausprügeln.« Er zog mir einen heftigen Hieb über den Hintern. Ich schrie auf.

»Nein, nein, ich bin artig, bitte schlag mich nicht mehr«, flehte ich.

»Halt den Mund.«

Er wich ein wenig zurück und konzentrierte sich zuerst auf die linke Arschbacke. Er schlug mich leicht, bis ich stöhnte. Dann wiederholte er den Vorgang auf der rechten Arschbacke.

Er ergriff noch eine Gerte. »Und jetzt beidhändig«, sagte er. Gleichzeitig sausten die Gerten auf meine Arschbacken nieder. Langsam steigerte er die Wucht, bis ich schließlich in lautes Geheul ausbrach.

»Die Striemen sehen gut aus«, bemerkte Marc, während er weiter auf mich einschlug.

Tränen traten mir in die Augen.

»Der letzte Hieb!« Mein ganzer Körper verkrampfte sich, und es dauerte fünf Sekunden, bis ich wieder ausatmete.

Marc rieb mit der Hand über die Striemen. »Hübsch, wirklich sehr hübsch. Bereit für mehr?«

»Oh, Scheiße – ich meine, ja.«

Die Schläge sausten in rascher Folge auf mich nieder. Ich bäumte mich so heftig auf, dass das Pferd vor und zurück glitt und immer näher an die Wand rückte.

»Muss ich dich etwa quer durchs Zimmer jagen, Fotze?« Er zog die Bank von der Wand weg und drehte sie um, obwohl sie auf einem dicken schwarzen Teppich stand. Er war wirklich stark, was ich seinen nächsten Hieben ebenfalls anmerkte.

»Gut«, stellte er kurz darauf fest. »Endlich blutest du für deinen Jungen.« Der Schmerz floss von meinem Hintern in meinen gesamten Körper und verzehrte mich. Ich stand in Flammen und betete darum, bewusstlos zu werden. Endlich legte er die Gerten weg, und der Schmerz verging, als er mir über den Rücken strich. Er reichte mir ein Glas Wasser und ließ mich durch einen Strohhalm trinken. Dann reinigte er meinen Hintern mit einem antiseptischen Tuch. »Hübsches Muster«, stellte er fest.

Er wartete, bis meine Atmung wieder normal geworden war, dann kniete er sich vor mein tränenüberströmtes Gesicht und zog sich Finger für Finger die Handschuhe aus. Erneut trat er nach hinten. Er griff unter meine Hüften und massierte meine Klitoris mit Daumen und Zeigefinger der einen Hand, während er meinen wunden Hintern mit der anderen rieb. Meine Erregung wuchs.

»Oh, mein Gott!«, schrie ich kurz darauf auf. »Oh, ich ... ich komme.«

»Ja, los!«, schrie Marc.

»Oh, Scheiße, Scheiße, Scheiße«, schrie ich. Ich hob den Kopf, so weit es meine Fesseln zuließen, stieß einen letzten Schrei aus und sank wieder aufs Leder zurück.

Marc trat lächelnd zurück. Er kniete sich vor mich und umfasste meinen Kopf mit beiden Händen.

»Wie geht es dir? Brauchst du irgendwas?«

Ich konnte keinen klaren Gedanken fassen. »Ich ... mir geht es gut. Ich habe keinen Durst«, murmelte ich. »Was kommt jetzt?«, fragte ich.

Marc rollte sich ein Kondom über seinen Schwanz und verteilte Gleitmittel darauf. Er rieb seinen Schaft zwischen meinen Arschbacken. »Dein kleiner Junge fickt jetzt seine Mama«, sagte er sanft.

»Oh«, murmelte ich.

»In den Arsch«, fuhr Marc fort.

Ich bewegte mich nicht und schwieg. Marc glitt mit seinem Oberkörper über meinen Rücken. »Das ist es doch, was du willst, oder? Du möchtest wie ein Junge in den Arsch gefickt werden, oder?«, flüsterte er.

Ich antwortete nicht.

»Sag mir, dass du es willst«, forderte Marc lauter.

Wieder keine Antwort.

Marc schob mir einen Finger ins Arschloch, nicht allzu sanft.

»Ich will es, ich will es!«

Marc schob seinen Schwanz in mein Loch. Der Druck war stark, bis er ganz drin war. Dann bewegte er seinen Schwanz wie einen Korkenzieher auf und nieder. »Es macht mich an, wenn ich mir die roten Striemen auf deinem Arsch ansehe, während ich dich ficke«, sagte er. Mit beiden Handflächen rieb er mir über die Schultern, dann schlug er mir auf den Hintern.

»Ein Schwulenmuttchen, das ist die Mama«, höhnte Marc. »Am liebsten wird sie in den Arsch gefickt von einem Schwulen. Richtige Jungs sind nicht gut genug für sie.« Er packte meine Hüften und pumpte heftig. »Ich wette, du spürst diesen dicken Schwanz bis hinten in deiner Möse.«

Ich kniff meinen Schließmuskel zusammen, aber ein paar gelbe Tropfen tröpfelten über den Rand des Pferdes.

»Ich ficke also die Pisse aus dir heraus, was?«, sagte Marc. »Na los, Mama, piss auf deinen gottverdammten kostbaren Teppich.«

»Nein, nein, nein«, protestierte ich, aber ich konnte nicht aufhören. Marc fickte mich immer weiter, während Urin vom Pferd herunterlief. Ein paar Tropfen rannen ihm über die Chaps in seine Stiefel hinein.

»Du lieber Himmel, über meine Chaps und die Stiefel!«, brüllte Marc. Er zog seinen Schwanz heraus, stampfte ans andere Ende des Pferdes und stellte sich vor mich. »Leck die Chaps sofort sauber, du Pissnelke«, befahl er. Meine Zunge glitt über seine Chaps, und er passte auf, dass ich auch jeden Tropfen aufleckte.

»Und jetzt noch mal die Stiefel«, wies er mich an. Er hielt nacheinander jeden Fuß an meinen Mund, und ich reinigte rasch das Leder.

»Das hast du gut gemacht«, gab er zu und ging wieder zurück nach hinten. Er schob seinen Schwanz erneut in mein Arschloch und beendete seinen Fick.

»Ich reibe deine Muschi ins Pferd«, verkündete er und stieß mich so heftig, dass ich auf dem glatten Leder hin- und herrutschte.

»Himmel, ich komme gleich!«, heulte ich.

»Ja, genau, Mama, komm für deinen Jungen. Du brauchst jetzt keinen Vibrator mehr, was?« Marc packte meine Schultern und schlug seine Nägel hinein. »Ich glaube, ich mache mit – lass uns zusammen kommen.«

Ich schrie bebend auf.

»Ich komme, ich komme«, fiel Marc ein. Er stieß noch einmal zu, dann sank er auf meinen Rücken, die Arme um mich geschlungen. Langsam ließ unser Keuchen nach, und unsere Atemzüge wurden wieder langsamer.

Ein paar Minuten lang blieben wir so liegen, dann band Marc mich los. Er führte mich an die Wand, ließ mich zu Boden sinken und bettete meinen Kopf in seinen Schoß. Er strich mir übers Haar.

Ich blickte ihn an. »Danke, Baby. Du bist der Einzige, der mich so vollständig fertigmachen kann.« Ich rieb mir den Hintern. »In den nächsten Tagen werde ich jedes Mal, wenn ich mich hinsetze, an dich denken.«

»Gut.« Marc lächelte. »Und deine Kunden sehen die Striemen nicht.«

»Ich brauchte das wirklich mal.«

Marc küsste mich auf die Stirn. »Das habe ich doch gemerkt.«

Keine gute Tat

Alison Tyler

Das Klicken der Handschellen hallte in Jamie nach. Kein anderer Klang auf der Welt hatte diese Wirkung. Das Schloss ging mit kalter Endgültigkeit zu, und sie wusste, sie würde erst wieder freikommen, wenn Killian es beschloss. An seinem strengen Gesichtsausdruck sah Jamie jedoch, dass bis dahin eine lange Zeit vergehen würde.

»Wie heißt das Spiel?«, fragte Killian und band ihre schmalen Knöchel an das Fußteil. Seine Stimme war ausdruckslos: kein Ärger, keine Enttäuschung. Sie wünschte, er würde sie anschreien, sie mit Schimpfwörtern belegen, etwas tun, um zu zeigen, dass er nicht einfach nur auf Autopilot lief.

Sie drehte den Kopf und beobachtete ihn über die Schulter. Dunkle Haarsträhnen fielen ihr in die Stirn, so dass sie ihn nur undeutlich sah. Sie hatte zwar eine Entschuldigung, aber sie schwieg – sie traute sich nicht, etwas zu sagen.

»Na los, Baby.«

Als er »Baby« sagte, schwoll ihr das Herz. So hatte er sie an ihrem ersten Abend genannt. Sie konnte sich noch so klar und deutlich daran erinnern, als wäre der

Moment auf einer Schwarzweißfotografie festgehalten worden. Sie hatten sich auf einer Party kennen gelernt. Als sie ihm die Hand schüttelte, hatte sie gedacht, wie attraktiv er doch war – groß und schlank und trotz des teuren Hemds und der Lederjacke irgendwie gefährlich –, aber er schien an ihr nichts Besonderes zu finden. Erst später am Abend, als sie sich gerade an der Theke mit einem anderen Mann unterhielt, war Killian hinter sie getreten.

»Wollen wir gehen, Baby?«

Als ob sie ein Paar wären. Fasziniert war sie ihm gefolgt, hatte ihren Mantel angezogen und sich von ihm am Handgelenk packen lassen. Seitdem gehörte sie ihm.

Er hatte sie zum Auto geführt, sie über die Haube gedrückt und ihr ins Ohr geflüstert: »Flirtest du?«

Ein heißes Gefühl der Schuld überwältigte sie. Hatte sie geflirtet? Na ja. Sie war ja auch als Single zu der Party gekommen. Als Single durfte man flirten. Sie versuchte, Killian das zu erklären, aber der Ausdruck in seinen Augen brachte sie zum Schweigen. Schließlich stammelte sie: »Ja.«

»Aufrichtigkeit funktioniert bei mir immer am besten, Kind«, sagte er und nickte. »Aber das heißt nicht, dass ich dir nicht den Hintern versohle.«

Als ob er in sie hineinsehen könnte und alle ihre Fantasien sähe. Kein Mann hatte jemals so mit ihr geredet.

»Verstehst du?«

Sie nickte. Aber eigentlich verstand sie nicht. Was meinte er?

»Wenn du mit mir ins Auto steigst, werde ich dir den Arsch versohlen, bis du weinst. Und dann fahre ich mit dir nach Hause, fessle dich mit Handschellen ans Kopfende des Bettes und lecke deine süße Muschi, bis du kommst wie noch niemals zuvor. Und während ich dich lecke, wirst du dir die ganze Zeit über das Spanking vorstellen, das dich hinterher erwartet.«

Jesus Christus. Ihr wurden die Knie weich. Selbst wenn das hier nur ein One-Night-Stand wurde, wenn sie den Mann hinterher nie mehr wiedersehen würde, würde sie doch mit ihm gehen. Gott sei Dank trug sie hübsche Unterwäsche. Das war der letzte rationale oder halbwegs rationale Gedanke, den sie fasste, bevor sie sich von ihm auf dem Rücksitz des Chevy übers Knie legen ließ, spürte, wie er mit seiner warmen Hand ihren Rock hochschob und ihr den ersten Schlag auf das rosa Höschen versetzte.

Jetzt klang seine Stimme flach. »Wie heißt es?«

Dies war wie eine verdrehte Version von *Rumpelstilzchen*. Lachen stieg in ihr auf, und sie musste sich innen auf die Wange beißen, um es zu unterdrücken. Es wäre eine schlechte Idee, jetzt zu kichern. Alles, was Killian nicht explizit von ihr verlangte, war im Moment eine schlechte Idee. Ein Schauer durchrann sie, als er den Lederriemen um ihre Knöchel fester zog. Sie lag jetzt gestreckt, mit gespreizten Beinen da, völlig nackt auf der rosafarbenen Satinbettwäsche. Ihre Muschi war fest gegen die Matratze gedrückt, und sie spürte die Nässe unter sich. Ihre Wangen brannten vor Scham, weil sie ihre Erregung nicht kontrollieren konnte. Wenn Killian sie testete, indem er seine Finger in sie hineinsteckte, war es um sie geschehen.

»Das Spiel heißt *Bestraf die Schlampe*«, sagte Killian und ging um sie herum. Seine Stimme klang jetzt gefährlich. »Gott, du spielst es so gut, du hättest es doch wissen müssen. Ich meine, du bist doch der reinste Champion.«

Ach ja? Da war sie sich gar nicht sicher.

Heute Abend hatte er sie wie verabredet um acht in der Bar getroffen. Sie hatte auf dem Eckhocker an der Theke gesessen und mit einem gut aussehenden Mann geplaudert, und als Killian hereinkam, legte der Mann ihr gerade die Hand auf den Oberschenkel, direkt unter den Saum ihres Rockes, auf die nackte Haut.

Der richtige Zeitpunkt ist alles.

Killian hatte kein Wort gesagt. Er hatte einen Zwanziger auf die Theke geknallt, sie am Handgelenk gepackt und sie hinausgezerrt. Schweigend waren sie nach Hause gefahren. Zu Hause hatte er ihr befohlen, sich auszuziehen, und sie dann bäuchlings aufs Bett geworfen und festgebunden.

So weit waren sie jetzt.

Sie hätte sich weigern können, wenn sie gewollt hätte. Sie hätte alles erklären können. Mit ein paar Sätzen hätte sie sich aus der Situation retten können.

Aber sie wollte es gar nicht.

Bestraf die Schlampe.

Schließlich kannte sie die Regeln.

Er legte ihr die Augenbinde um – schwarzer Samt, weich wie Federn. Dann folgte der Ballknebel. Sie bäumte sich auf, als er den verhassten Knebel festschnallte. Der Gummigeschmack war widerlich. Bitter und wie eine Mischung aus Lakritz und schwarzem Teer. Killian schien es zu gefallen, wenn sie sich wehrte, und es kostete ihn nicht viel Anstrengung, sie ruhig zu halten, als er den Knebel festzog.

Was als Nächstes kam, ließ ihr Herz rasen und ihre Klitoris pochen. Jetzt würde er sie mit der Gerte auspeitschen. Und jetzt war es zu spät, ihm zu sagen, er solle nicht so fest zuschlagen.

Der Knebel war befestigt. Sie konnten nicht einmal mehr ein Sicherheitswort vereinbaren. Vorher hatte sie bei Killian nie eins gebraucht. Es bestand kein Grund anzunehmen, dass sie eines brauchen würde.

An den meisten Tagen stand das Stöckchen in der Ecke ihres Schranks, an die Wand gelehnt. Er brauchte es nur selten. Aber sie hatte sich nach dem Schmerz gesehnt, wie ein Süchtiger hungerte sie danach.

Allerdings machte es das nicht leichter.

Schmerz ist Schmerz, ob man ihn will oder nicht; ob er deine Seele beruhigt oder deine Bedürfnisse befriedigt. Schmerz bleibt immer Schmerz.

Vor dem ersten Schlag ließ er sie den Stock spüren. Er legte die Waffe auf ihren nackten Hintern. Sie konnte nicht sprechen, nichts sehen. Sie hatte keine Ahnung, wie viele Schläge er ihr verabreichen würde, wann er aufhören oder beginnen würde. Angst stieg in ihr auf.

Sie hörte, wie er um das Bett herumging. Er hatte seine schweren Stiefel an. Und dann spürte sie seinen Atem, seine Lippen an ihrem Ohr.

»Bestraf die Schlampe«, flüsterte er. »Das ist mein Lieblingsspiel.«

Und dann traf sie der erste Schlag.

Licht explodierte hinter ihren geschlossenen Lidern. Ein zweiter Schlag folgte, noch bevor sie den ersten absorbiert hatte. Kalter Schweiß rann ihr über den Rücken. Sie biss so fest in den Knebel, dass der Geschmack nach Gummi ihr die Kehle hinunterlief. Sie konnte nicht schreien, und doch hallten die Laute in ihrem Kopf. Ein dritter Schlag kreuzte die beiden ersten, und sie bäumte sich auf.

Die Schläge vier und fünf kamen rasch hintereinander, eine Pause, dann sechs, sieben und acht. Sie hätte gelächelt, wenn der Knebel ihre Lippen nicht gestrafft hätte. Er hatte ihr acht Schläge für die verabredete Uhrzeit gegeben. Sie hörte, wie das Stöckchen zu Boden fiel, und dann spürte sie ihn auf sich. Ohne ein Wort stieß er in sie hinein, kein Kuss, nur sein Schwanz, der die Schmerzen mit Lust zudeckte – nun, natürlich nicht vollständig, aber genug. Ein bisschen Schmerz musste immer noch bleiben. Jamie brauchte das.

Killian hatte das von Anfang an gewusst.

Er rammte seinen Schwanz in sie hinein und fickte sie so fest, dass er ihr fast an der Kehle wieder herauskam. Sie kamen beide im selben Augenblick, dann spürte sie, wie er aufstand.

Sie war jetzt entspannt.

Morgen würde sie sich bei Roger bedanken, dass er sie in der Bar getroffen hatte. Vielleicht würde sie ihn zum Abendessen einladen. Er war ein netter Junge und arbeitete im Postraum ihrer Firma. Er und sein Freund Daniel waren immer knapp bei Kasse und lebten von Gehaltsscheck zu Gehaltsscheck. Und wenn er sie nett bat, würde sie ihm vielleicht in der Damentoilette ihre Striemen zeigen.

Bestraf die Schlampe.

Natürlich hatte sie die ganze Zeit über gewusst, wie das Spiel hieß. Aber sie hatte gar nicht gewinnen wollen.

Verlieren war viel mehr ihr Stil.

Masochistin auf Urlaub

Aimee Pearl

Das Wichtigste zuerst. Die Nacht endete so, wie sie eben endete, weil Sir praktisch darum bettelte. Er stieß mit seinen Hüften und flehte mich an, ihn in den Arsch zu ficken. Laut äußerte er sein Verlangen jedoch etwas subtiler, als ich ihn massierte. »Du kannst auch meinen Hintern massieren. Da drin sind viele Muskeln.«

Sir und ich sind uns in einem Punkt absolut einig: Ich bin kein Top. Aber bei den seltenen Gelegenheiten, in denen ich mich mit einem anderen Bottom oder einem Switch im Bett befinde, bin ich absolut in der Lage, jemanden in den Arsch zu ficken. Es ist sogar eine meiner Lieblingsbeschäftigungen.

Also reagierte ich auf seinen Hinweis und begann, seinen Arsch zu kneten. Mit Jeans bekleidet hatte ich ihn schon angefasst, aber in den sechs Jahren, die wir uns kannten, war es das erste Mal, dass ich ihn nackt anfasste. Er hatte wundervoll weiche Haut, und je näher ich der Mitte kam, desto erregter wurden wir beide.

Aber jetzt will ich Sie erst einmal auf den Stand der Dinge bringen. Wie bin ich dorthin gekommen? Wie kam ich in Sirs Bett? Wie gelangten meine Finger an

Sirs enges Reservoir der Freude? Wie hatte ich, mit Sirs Worten, »so verdammt viel Glück« gehabt?

Es war nicht leicht. Ich hatte einen langen Tag mit anstrengender körperlicher Arbeit hinter mir und war unglaublich müde – völlig erschöpft. Aber ich hatte schon vor langer Zeit herausgefunden, wie viel Lust mir Schmerz bereitete. Und Sirs besonders fordernde Arten der Zuneigung entzückten mich schon seit Jahren. Zwar variieren die Definitionen, aber in gewisser Hinsicht bin ich wahrscheinlich ein Masochist. Und ich hatte Urlaub.

Wie es dazu kam

Alles begann letzten Monat, als Sir von der Ostküste kam und bei mir in San Francisco wohnte. Als ich mich auf seinen Besuch vorbereitete, fragte ich ihn per E-Mail, was er gerne essen würde. Ich wollte eine aufmerksame Gastgeberin sein. Geschmeichelt antwortete er: »Willst du nicht als mein Hausmädchen zu mir ziehen?«

Der Gedanke reizte mich. Nicht dass ich in seine Stadt ziehen wollte, aber in seinen Diensten zu stehen, ohne eigene Entscheidungsfreiheit, würde wie ein Urlaub sein.

Sir war jemand, dem ich trauen konnte. Unterwerfung ist eine delikate Angelegenheit, vor allem wenn es auch um die Rasse geht. Diese Unterschiede werden mir besonders bewusst, wenn ich mit weißen Spielpartnern zusammen bin. Bei einem Weißen muss das Vertrauen viel größer sein. Sir allerdings hatte mich nie enttäuscht, und bei ihm hatte ich keine Bedenken.

Auch die Vorstellung, mit Sir als Junge zu spielen, beunruhigte mich nicht. In der E-Mail hatte er mich als

»Hausmädchen« bezeichnet, aber mein Geschlecht ist vielleicht nicht ganz so eindeutig wie »Mädchen«. Andererseits habe ich, da ich schwarz bin, erotische Spiele mit Maskulinität bisher nur mit anderen Schwarzen gespielt. Schwarz zu sein und den Jungen zu spielen ist für mich nicht so einfach, und Sir ist eine der wenigen weißen Personen, bei denen ich das wage.

Also dachte ich über Sirs spontane Einladung nach, und ich hatte wirklich Lust dazu. Ich hatte sowieso geplant, auf einer Geschäftsreise im nächsten Monat in Sirs Stadt zu kommen, und ich würde von Donnerstag bis Sonntag in Sirs Haus wohnen. Also fragte ich Sir, ob ich am Wochenende zu seinen Diensten stehen sollte – meine geschäftlichen Angelegenheiten hatte ich bis Freitagnachmittag erledigt. Glücklicherweise sagte er ja.

Vorbereitung

In den Wochen davor musste ich einiges vorbereiten. Ich konsultierte einen Freund, der sieben Tage in der Woche vierundzwanzig Stunden für seinen Daddy da ist, und er gab mir einige wertvolle Tipps. Ich sollte mich schlaumachen, welche Geschäfte in unmittelbarer Nähe von Sirs Haus waren, falls Sir irgendetwas brauchte. Er meinte allerdings auch, Fehler seien unvermeidbar, deshalb sollte ich jederzeit darauf vorbereitet sein, mich zu entschuldigen.

Und mein Freund erzählte mir, er habe zur Vorbereitung auf seinen Dienst viel Zeit damit verbracht, über seine Hingabe an seinen Daddy zu meditieren. Ob ich so etwas auch bei Sir machen wollte, wusste ich nicht genau, weil es sich doch sehr nach enger Beziehung anhörte. Außerdem hatten wir beide andere Partner, und da schien es keine gute Idee zu sein, wenn wir uns zu eng aneinander banden.

Als Nächstes besuchte ich einen Workshop über Dienerschaft, der während einer Leder-Konferenz stattfand. Der Seminarleiter erklärte mir, ich solle Sir ein Geschenk mitbringen, das ihm gefallen würde. Später an diesem Tag wurde ein Messing-Paddel versteigert. Es war glänzend und schwer und gefiel mir sofort. Ich hatte zwar nicht viel Geld, aber zum Glück bot außer mir nur noch eine Person darauf, und ich konnte sie um einen Dollar überbieten.

Danach suchte ich online nach Kochtipps. Sir muss eine bestimmte Diät einhalten, und ich wollte ihm Kuchen oder Plätzchen backen, die er essen durfte. Ich fand auch ein paar geeignete Rezepte, allerdings waren die Zutaten in der Nähe seines Hauses schwer zu bekommen. Schließlich kaufte ich sie in meiner Stadt und brachte sie im Gepäck mit.

Und während ich all diese Vorbereitungen traf, begann ich auch meine innere Uhr umzustellen, um mich Sirs Ostküstenzeit anzupassen. Mein Ziel war es, eine Stunde vor ihm wach zu sein, damit ich bereit war, wenn er mich brauchte. Ich wusste, dass er früh aufstand, während ich eigentlich ein Langschläfer bin, deshalb war es eine besonders schwierige Aufgabe. Mein Dienstboten-Freund warnte mich davor. Er meinte, das sei zu anstrengend für mich, und statt mich zu überanstrengen, sollte ich lieber das Beste aus dem Wochenende machen. Aber ich beschloss, nicht auf ihn zu hören, was letztendlich vielleicht ein Fehler war.

Ich kam so weit, dass ich leicht zwischen drei und sechs Uhr morgens aufwachen konnte, aber früher schaffte ich es nicht. Mitten im Training bekam ich eine Mail von Sir, in der stand, er bräuchte mich am Samstag um sieben Uhr seiner Zeit. Das klang machbar. Wenn ich um sechs Uhr aufstand, hatte ich eine Stunde Zeit, um mich fertig zu machen und Kaffee zu kochen und vielleicht noch ein paar Plätzchen zu backen – Dinge, die er nicht erwartete.

Kleine Helfer

Ich war erkältet, als ich bei Sir ankam. Das frühe Aufstehen, ein Virus, der in der Stadt umging, und die Reise hatten mir den Rest gegeben. Hinzu kam, dass Sir eine Katze hat, und ich bin allergisch gegen Katzen. Es war schwer zu sagen, wo die Erkältung endete und die Allergie anfing, weil die Symptome die gleichen waren. Außerdem spielte es sowieso keine Rolle, weil ich mich absolut krank fühlte.

Aber ich war entschlossen, mich davon nicht abhalten zu lassen und Sir ein schönes Wochenende zu bereiten. Eisern riss ich mich zusammen und stand am Samstagmorgen um sechs auf. Das Duschen ließ ich ausfallen (ich hatte am Abend zuvor geduscht) und machte mich direkt ans Backen und Kochen.

Sir hatte mir zwar gesagt, ich solle ab sieben zur Verfügung stehen, aber er kam erst um acht herunter. Das war jedoch nicht weiter schlimm, weil die Plätzchen länger brauchten, als ich gedacht hatte. Während ich in der Küche wartete, frühstückte ich und spülte schon mal das Geschirr.

Er tauchte auf, und sofort überfiel mich diese Schüchternheit, die ich in seiner Gegenwart manchmal empfinde. Er ist zwar dünn, aber sehr groß. Er ist resolut. Ich stellte mir immer vor, dass er ohne jeden Selbstzweifel war und alles immer richtig machte. Von Sir konnte ich bestimmt eine Menge lernen.

Er lehnte den Kaffee ab, den ich gemacht hatte, reichte mir eine lange Liste mit Pflichten und erklärte, ich würde heute kleiner Helfer genannt. Insgeheim hatte ich mir schon Gedanken darüber gemacht, wie ich wohl genannt werden würde, weil weder Hausmädchen noch Hausboy wirklich zutrafen. Deshalb war ich froh wegen des neutralen Ausdrucks kleiner Helfer.

Ich begann zu arbeiten. Und in der Banalität der Pflichten – Waschen, Kochen, Wischen, Staubsaugen, Kehren usw. – fand ich einen Rhythmus, der etwas Meditatives hatte. Ich ließ meine Gedanken schweifen, dachte an Songs, an Fernsehsendungen, an Sirs Schwanz. Hauptsächlich an seinen Schwanz. Und während ich an seinen Schwanz dachte, vergingen zwölf Stunden, das Haus war makellos sauber, mehr oder weniger, und ich war erschöpft, eher mehr als weniger.

Bewertung

Zu vorherbestimmten Zeitpunkten in diesen zwölf Stunden trafen wir uns, und Sir fragte mich, wie ich auf einer Skala von eins bis zehn meine Arbeit bewerten würde. Ich fand nicht, dass ich mir die höchste Punktzahl geben konnte, weil ich nicht immer ganz perfekt gewesen war. Ich war zu spät aufgestanden, um sein Frühstück zu machen, und ich hatte ihm ein- oder zweimal direkt in die Augen geblickt. Eine zu niedrige Punktzahl wollte ich mir jedoch auch nicht geben, damit Sir nicht meinte, ich wäre nicht stolz auf meine Arbeit. Prahlen wollte ich aber auch nicht, falls er meine Arbeit weniger gut fand als ich. Er ist mir manchmal ein Rätsel, und ich hätte nicht auf Anhieb sagen können, was er von meiner Arbeit hielt.

Bei unserem ersten Treffen gab ich mir eine Sechs. Beim nächsten eine Sechs Komma fünf. Aber beim dritten und letzten Treffen des Tages vergaß ich, dass er mir früher am Tag befohlen hatte, ihn zu massieren. Ich hatte es deshalb vergessen, weil seine Anweisungen gelautet hatten, die Massage nicht zu einem glücklichen Ende zu bringen. Ich konnte also seinen Schwanz nicht berühren, ganz gleich, wie gerne ich es wollte. Und ihn von seinem Schwanz reden zu hören lenkte mich so sehr ab, dass ich alles andere vergaß. Deshalb begann ich nach dem Staubsaugen auch gleich mit dem Wischen, wobei ich die ganze Zeit über an seinen Schwanz dachte und überhaupt nicht an die Massage. Uuups!

Aber er schien bei unserem letzten Treffen weniger verärgert über dieses Missgeschick als ich. Er meinte, ich dürfe es irgendwie wiedergutmachen. Ich hatte ursprünglich geplant, ihm das Messing-Paddel am nächsten Tag zu schenken, wenn mein Dienst nach dem Frühstück beendet war. Aber angesichts der Situation hielt ich es für ratsam, ihm das Geschenk jetzt schon zu geben. Vielleicht konnte er es ja benutzen, um mich für meinen Fehler zu bestrafen, und in diesem Fall hätten wir beide etwas davon.

Er hatte einmal erwähnt, dass in der Vergangenheit jemand absichtlich Fehler gemacht hätte, um ihn zu einer Bestrafung zu provozieren. Das schockierte mich. Warum um Himmels willen sollte jemand absichtlich versuchen, Sir zu missfallen? Meine Fehler waren unschuldig, und ich hatte mir den ganzen Tag deswegen Vorwürfe gemacht.

Er schien sich über das Paddel sehr zu freuen, damit war mein Tag gerettet. Er hatte mir Abendessen gekocht. Er wies mich an, zu essen, zu baden und dann in sein Zimmer zu kommen. Als ich dorthin kam, lag das Paddel auf seiner Kommode. Ich sehnte mich danach, es auf meinem nackten Hintern zu spüren. Leider kam es nicht dazu. Aber es hatte mir ja schon Freude gemacht, es ihm zu schenken, deshalb wäre das Paddling nur das Sahnehäubchen gewesen. Ich konnte auch ohne leben.

Sirs Hintern

In Sirs Zimmer befand ich mich schnell in seinem Hintern. Ich fickte ihn zum ersten Mal. Und ich bin eine gierige Fickerin. Wenn ich erst einmal drin bin, will ich möglichst schnell und möglichst lange loslegen. Ich möchte jemanden voll und tief nehmen. Meine Finger werden zu meinem Schwanz, und mein Schwanz ist hungrig. Niemand kann ihn aufhalten. Ich bin nicht besonders kenntnisreich oder raffiniert, ich habe nur mein Verlangen, und das sagt: Geh so tief hinein, wie du kannst.

Ich will auch nie aufhören, wenn der andere kommt. Wenn du einmal bei mir kommst, will ich es bestimmt ein zweites Mal. Und in deinem Arsch könnte ich sowieso die ganze Nacht bleiben. Ich möchte Finger um Finger hineinschieben, sehen, wie viele du aufnehmen kannst, wie viele Orgasmen du bekommen kannst, wie lange du durchhältst. Ich möchte dich bis zur Erschöpfung ficken. Du sollst an den Punkt kommen, wo du sagst: »Was bin ich hier eigentlich? Ein Loch?« Und dann werde ich antworten: »Ja, du Motherfucker, das bist du.«

Als er gekommen war, begann ich ihn zu streicheln, richtig fest, obwohl er mir sagte, ich solle aufhören. Ich streichelte ihn so, wie ich gerne gestreichelt werden wollte. Ich wollte sein kleines Haustier sein. Ich wollte gestreichelt werden.

Wenn wir spielen, ist er gemein, und das schätze ich an ihm. Aber heute hatten wir gar nicht gespielt. Heute hatte ich nur gearbeitet. Für ihn. Ich brauchte jetzt etwas Nettes. Ich wollte gelobt werden. Er hatte mich zwar für die Arbeit gelobt, aber das waren nur Worte gewesen. Er hatte mir gesagt, ich hätte ausgezeichnete Arbeit geleistet; mein einziger Fehler sei der Zeitpunkt der Massage gewesen; die Plätzchen wären köstlich gewesen und das Ei zum Frühstück perfekt hart gekocht. Ich schwamm geradezu in seinen anerkennenden Worten und hätte sie am liebsten immer wieder gehört.

Ich hätte ihn gerne um das gebeten, was ich mir wünschte, aber schüchtern, wie ich war, schwieg ich.

Atem

Ich hörte auf, ihn zu streicheln, wir rollten herum, und er legte sich auf mich. Er hielt mir den Mund zu und kniff meine Nasenflügel zwischen Daumen und Zeigefinger der anderen Hand zusammen. Ich konnte nicht mehr atmen. Erschreckt und mit wilden Augen wehrte ich mich.

»Nimm es«, flüsterte er mir zu, und sofort war ich still. Ich entspannte mich, weil ich wusste, er würde mich loslassen, damit ich wieder atmen konnte. Er würde mich kontrollieren und auf gewisse Weise besitzen, aber er würde nur für diesen kurzen Moment die Bedingungen diktieren, nur für die Pause zwischen zwei Atemzügen, den Moment, in dem er meinen Atem in seinen Händen hielt. Ich vertraute seinen Händen, und ich vertraute ihm.

Ich wusste, er konnte mich sogar töten, und dies war eine Gelegenheit für mich, ihm zu zeigen, wie sehr ich ihm vertraute. Und deshalb war ich beinahe ein wenig enttäuscht, als es kurz darauf schon vorbei war. Es war so schnell vorbei, dass ich noch nicht einmal Zeit hatte zu spüren, was es bedeutete, ohne Luft zu sein.

Und ich sage all dies nicht, weil ich Todessehnsucht habe – überhaupt nicht –, sondern weil ich den Wunsch habe, mich zu unterwerfen. Ich möchte ihm gehören, ihm allein.

Faust

Als er es mir mit der Faust gemacht hat, bin ich zweimal gekommen. Sir in mir zu spüren ist unvorstellbar köstlich. Seine Faust dehnt den Eingang zu meiner Möse, und die Erfahrung, so voll zu sein, ist beinahe zu viel. Als der Orgasmus mich überwältigt, zittere ich am ganzen Körper.

Irgendwann bei unserem Fick fallen meine Boxershorts, die am Kopfteil gehangen haben, zwischen Bett und Wand zu Boden. Ich war so berauscht von den Orgasmen, dass ich kaum laufen, geschweige denn sie aufheben konnte. Deshalb ließ ich sie einfach liegen, als Sir eingeschlafen war. Ich schlüpfte rasch in meine Jeans und ging nach unten, um auf der Couch zu schlafen. Es war ein langer Tag für uns beide.

Tauschhandel

Als das Wochenende vorüber war, fühlte ich mich Sir näher. Wir waren intimer miteinander als vorher, weil er sich mir gegenüber verletzlicher gezeigt hatte. Nicht nur, weil ich ihn in den Arsch ficken durfte, sondern auch, weil ich seine Kleider waschen durfte. Und mir bereitete das alles eine Lust, die noch lange nachwirkte.

Ich fragte Sir, ob ich ihm noch einmal irgendwann dienen könnte, und er sagte ja. Er erklärte, es würde ihm helfen, meine Dienste als Tauschhandel zu sehen. Ich fragte mich, was er denn wohl tauschen mochte? Sex? Putzte ich sein Haus gegen Sex? Das gefiel mir nicht. Er sollte mich begehren, nicht nur mich ficken, weil ich seinen Küchenboden aufwischte. Er sollte hart werden, wenn er an mich dachte, und sich danach sehnen, in mir zu sein. Und ich vielleicht bei Gelegenheit in ihm.

War es Sadismus? Ich wollte, dass er mir wehtat,

weil Schmerz ihn anmachte, ob ich es nun durch meine Arbeit »verdient« hatte oder nicht. Er sollte mir die Luft abdrücken, mich zusammenzucken sehen, wenn er mich kniff, weil es ihn anmachte und aus keinem anderen Grund.

Aber es steht mir nicht zu, dazu etwas zu sagen, deshalb beschloss ich, es in Ordnung zu finden, wenn er es als Tauschhandel sah. Ich würde es eben einfach anders sehen.

Meine Lektion für nächstes Mal würde lauten: Ich muss daran denken, dass ich hier in Ferien bin und mir hier etwas Gutes tue. Hier kann ich mich in der schützenden Hülle der Arbeit entspannen. Ich weiß, ich mache meine Sache gut, weil ich Sir helfe, weil ich Sir die Arbeit erleichtere, so dass er sich auf andere Dinge konzentrieren kann. Und Sir gibt mir Zeit, mit meinen Gedanken allein zu sein, über die Schönheit eines perfekt aufgeschüttelten Kopfkissens, einer sauberen Arbeitsplatte oder eines glänzenden Holzfußbodens nachzudenken – und über meine Hingabe, mit der ich diese Dinge für ihn tue.

Und plötzlich hatte der Tauschhandel Sinn, wenn Sir mir im Gegenzug die Gelegenheit gab, in seinem Leben präsent zu sein. In *Der Frühstücksclub* fragt Ally Sheedy Molly Ringwald: »Warum bist du so nett zu mir?«, und Molly antwortet: »Weil du mich lässt.« Und beide lächeln. Weil er mich gelassen hat. Das war unser Tauschhandel.

Epilog

Ich habe mich immer zu Sir hingezogen gefühlt, sogar in den Momenten, in denen meine Schüchternheit überhandnimmt und ich kein Wort sagen kann. Bei ihm habe ich das Gefühl, eine schmutzige Perverse sein zu können, und ich komme besonders intensiv, je verletzlicher ich mich ihm präsentiere. Während ich das hier schreibe, stelle ich mir vor, es ihm eines Tages zu zeigen, ihm Zugang zu meinen Gedanken und Gefühlen zu gewähren und ihn sehen zu lassen, was er in mir hervorgerufen hat. Wenn ich mit Sir zusammen bin, fühle ich mich oft zu viel und zugleich nicht genug. Die Intensität meines Verlangens, mich ihm zu unterwerfen, beschämt mich, weil ich nicht weiß, ob er ein genauso großes Verlangen danach hat, mich zu dominieren. Und ich weiß nicht, wie ich ihn danach fragen soll, genauso wenig wie ich weiß, wie ich meine Gefühle laut ausdrücken soll. Aber er darf auf jeden Fall diese Makel, Träume und Unsicherheiten in mir sehen; er darf mein Innerstes berühren und diese Worte lesen. Ich will es sogar.

Ich verließ Sirs Haus und fuhr zum Flughafen. Da ich jetzt nicht mehr offiziell im Dienst stand, hatte ich eine viel klarere Vorstellung davon, was ich während des Dienstes tun und dafür bekommen wollte. Rückblickend stelle ich fest, dass ich mir zwar Vorwürfe wegen einiger kleinerer Fehler gemacht habe, letztlich aber hervorragende Arbeit für Sir geleistet habe (vor allem anscheinend verglichen mit seinem letzten Hausboy). Ich war gut vorbereitet, und ich machte nur ein paar kleinere Fehler. Aber meine Erkältung und die viele Arbeit erschöpften mich. Das wirkte sich auf unsere Spielzeit aus – ich war so müde, als wir fickten. Deshalb beschloss ich, nächstes Mal wirklich dafür zu sorgen, vorher gut ausgeruht zu sein.

Bei der Landung in San Francisco fiel mir wieder ein, dass meine Jungs-Boxershorts immer noch hinter seinem Bett lagen.

Freche Lily

Kissa Starling

Manche glauben, wenn man eine freche Göre sei, ginge es bei allem nur um Trotz. Andere behaupten, freches Benehmen sei bei einer Frau Mittel zum Zweck, um den Hintern versohlt zu bekommen. Wenn Sie mich fragen, macht es einfach nur Spaß. Immer nur brav zu sein ist langweilig, und wenn etwas tief in mir mich dazu aufforderte, etwas Freches zu tun, konnte ich nicht widerstehen.

Ich schlenderte durch das Einkaufszentrum. Daddy hatte darauf bestanden, dass ich für eine Zeit lang das Haus verließ. Er spürte immer, wenn ich begann, mich zu langweilen. Ein Schaufensterbummel schien an diesem heißen Sonntagnachmittag das Beste zu sein. Meine schenkelhohen Stiefel, das locker sitzende T-Shirt und der kurze Jeansrock trugen mir einige Blicke ein. Wenn jemand genauer hingeschaut hätte, hätte er gesehen, dass ich keinen BH und kein Höschen trug. Das erlaubte Daddy nicht, wenn ich aus dem Haus ging.

Ich bummelte durch den Geschenkeladen, in dem es so viele witzige Sachen gab. Eine junge, unschuldige Version eines zukünftigen Daddys ordnete die Gegenstände auf den Regalen. Wie süß. Mein Daddy hatte in seiner Jugend ähnlich ausgesehen. Ich betrachtete den Verkäufer ein paar Minuten lang und trat dann in sein Blickfeld. Unwillkürlich fragte ich mich, ob er wohl später mal tatsächlich ein Daddy werden würde. Wenn ich nicht schon vergeben gewesen wäre, hätte ich vielleicht in Erwägung gezogen, ihn selbst zu trainieren.

»Kann ich Ihnen behilflich sein, Ma'am?« Der Junge, der ungefähr Anfang zwanzig sein musste, ließ seinen Blick über meinen Körper wandern. Am Muttermal zwischen meinen Brüsten hielt er inne. Ich genoss seine Aufmerksamkeit.

»Verkaufen Sie falsche Piercing-Ringe?« Ich klimperte mit den Wimpern und ließ meinen Fingernagel von meiner Lippe zum Muttermal gleiten.

»Äh, ja, die haben wir. Ich kann Ihnen Sterlingsilber-Ringe empfehlen. Sie halten länger und hinterlassen keine Abdrücke auf der Haut.«

Du tust es schon wieder, Schätzchen, was? Führ den kleinen Jungen nicht in Versuchung.

Die Stimme hallte in meinem Ohr, zur Erinnerung daran, dass Daddy mich nie zu weit weg ließ. Ich blickte mich um, konnte ihn aber draußen vor dem Laden nicht sehen. Der Kopfhörer kitzelte mich im Ohr.

Ich ließ den Träger meines T-Shirts von der rechten Schulter gleiten. Es glitt hinunter, und mein Nippel stach durch den dünnen Stoff. Deutlich zeichnete sich der Nippelring ab.

»Wo möchten Sie den Ring denn anbringen?« Der Angestellte wischte sich den Schweiß von der Stirn. Er trat von einem Fuß auf den anderen und zog sich die Hose hoch, um sein Päckchen zu verschieben.

Lass ihn jetzt in Ruhe, Lily. Du bist hier, um dich zu entspannen, nicht um zu flirten. Muss ich dich erst daran erinnern, dass du mir gehörst?

Ein geiler junger Mann vor mir, und ich sollte weggehen. Ich dachte rasch nach und ließ meine Tasche fallen. Daddy hätte wissen müssen, dass ich in der Öffentlichkeit Probleme bekam – das war doch immer so.

»Warten Sie, ich helfe Ihnen.« Der Junge bückte sich nach meiner Tasche, und ich beugte mich ebenfalls hinunter. Als er aufblickte und meine nackten Titten direkt vor sich sah, fiel er hin. Sein unverständliches Gebrabbel war nicht zu verstehen. Ich lachte. Meine Brüste hatten Macht über Männer, und ich liebte es.

»Danke für Ihre Hilfe. Ich komme noch einmal wieder. Wie Sie sehen können, habe ich schon zwei echte Piercings. Meine Klitoris wird wohl noch ein bisschen warten müssen.« Ich ergriff meine Tasche, zwinkerte ihm zu und ging. Der junge Verkäufer hatte eine riesige Erektion.

Du hast wieder einmal die Grenzen überschritten, Schätzchen. Dafür wirst du mir bezahlen.

Ich lächelte leise. Es war gut, dass es noch kein Mikrofon gab, das meine Gedanken lesen konnte. Sonst wüsste Daddy, dass ich immer nur *seine* Grenzen austestete. Wie soll ich sonst wissen, wie weit ich gehen kann, bis er mich bestraft?

Komm in den Restaurantbereich.

»Ja, Daddy. Bin schon auf dem Weg.«

Ich eilte ins nächste Stockwerk, wobei ich mit jedem flirtete, dem ich begegnete. Daddy wartete an der Pizzeria. Oh, wunderbar. Er wusste, wie gerne ich Pizza aß.

»Nun, Lily, schön, dich zu sehen. Ich habe bereits für mich bestellt. Du kannst dir auch etwas bestellen.« Er reichte mir einen Zehndollarschein.

Ich schaute die Speisekarte an und überlegte, was ich nehmen sollte. Gemüsepizza mit Fetakäse sah lecker aus.

»Das ist die falsche Speisekarte, Liebling.«

Verwirrt blickte ich ihn an. Wir waren doch hier in der Pizzeria.

»Du wirst drüben beim Hot-Dog-Stand essen.«

Ich schürzte die Lippen.

»Es sei denn, du möchtest gar nichts essen.«

Ich ging zwei der zehn Stufen hinunter, die zu dem Stand führten. Flehend drehte ich mich noch einmal zu Daddy um. Er sprach mir ins Ohr, damit niemand sonst ihn hörte.

»Na los, Lily.« Ich wollte Pizza. Hot Dogs hasste ich, aber das wusste er natürlich.

Der Verkäufer blickte auf, als ich näher trat. »Was möchten Sie heute?«

»Anscheinend brauche ich einen langen Schlappschwanz zum Lutschen und Kauen. Vielleicht muss ich ihn ja später wieder auskotzen.«

Lily …

»Mit Senf, bitte.«

Der alte Mann tat mir beinahe leid. Er hustete und spuckte und reichte mir meinen Hot Dog so schnell, dass ich daraus nur schließen konnte, er wolle mich loswerden.

Geh zum Auto.

Na gut, dachte ich, *ich gehe zum Auto, aber nicht weil du es mir sagst, sondern weil ich es will.* Ich hatte es schon wieder einmal zu weit getrieben. Anscheinend bekam ich ständig Probleme, obwohl ich doch nur von ihm beachtet werden wollte.

Wenn ich dorthin komme, solltest du besser nackt sein.

Oh, ja, er war wirklich aufgebracht, dachte ich bebend, als ich zum Auto ging. Drinnen zog ich mich rasch aus und hielt meine Jacke vor meinen Oberkörper, damit zufällig vorbeikommende Passanten nicht sahen, dass ich nackt war. Erwartungsvoll blickte ich zu den Türen des Einkaufszentrums und freute mich auf sein Erscheinen. Er kam auf das Auto zu, biss einmal von seiner Pizza ab und warf den Rest in den Abfalleimer am Gehweg.

Verdammt. Ich erstarrte. Ich überlegte, ob ich die Autotüren versperren sollte, verwarf diese Möglichkeit aber sofort wieder. Daddy öffnete die Fahrertür und setzte sich hinters Steuer. Ohne mich auch nur anzusehen, fuhr er los. Ich warf ihm verstohlene Blicke zu, aber er reagierte nicht darauf.

»Es tut mir leid, Daddy. Ich weiß, du kannst es nicht leiden, wenn ich mit anderen Männern flirte.«

Keine Antwort.

»Ich habe es sowieso nicht ernst gemeint. Ich liebe nur dich.«

Immer noch keine Antwort.

Etwa fünf Minuten später waren wir zu Hause. »Geh nach oben und nimm die Position ein.«

»Ja, Sir.« Ich versuchte, ihn zu küssen, aber er wandte sich ab.

Nackt saß ich auf einem Holzstuhl vor dem Kamin, mit dem Rücken zur Tür. Die Tür öffnete und schloss sich hinter mir. Ängstlich wartete ich darauf, was als Nächstes geschehen würde. Ich wollte nie mehr ungezogen sein.

Die Kühlschranktür ging auf und wieder zu. Eine Flasche wurde geöffnet. Schon das Geräusch machte mich durstig, aber ich bezweifelte, dass ich jetzt etwas zu trinken bekam. Na toll, jetzt konnte ich auch noch hier sitzen und sehnsüchtig auf ein Bier warten. Und dabei mochte ich das Zeug noch nicht einmal. Daddy setzte sich in seinen Sessel und schaltete den Fernseher ein.

Er schaute sich eine historische Dokumentation an, und ich musste mich zwingen, nicht das Gesicht zu verziehen. Er wusste, dass ich Dokumentationen hasste. Zwei Stunden später schaltete er den Fernseher wieder aus. Wie durch ein Wunder war ich in der vorgeschriebenen Position sitzen geblieben, was schwierig war, weil meine Füße nicht ganz den Boden erreichten. Der Wunsch, mich umzudrehen, wurde immer stärker.

Daddy stellte sich vor mich. »Ein bisschen die freche Göre zu sein macht Spaß, aber wenn du es übertreibst, macht es nur noch mir Spaß.« Er lächelte böse und löste seinen Gürtel.

»Sag mir, was los ist.«

Ich blickte ihn an. »Ich brauche ein Spanking.« Jetzt hatte ich es ausgesprochen.

»Warum hast du denn nicht früher darum gebeten? Wir haben doch darüber geredet, Lily. Wenn du das Verlangen nach Bestrafung hast, dann sag es.«

»Ja, Sir. Ich habe es nicht über mich gebracht. Ich weiß nicht, warum.« Tränen traten mir in die Augen, aber ich schluckte sie hinunter. Mein Daddy sollte stolz auf mich sein.

»Das ist nicht nur unaufrichtig und respektlos, sondern auch offener Ungehorsam. Das dulde ich nicht in meinem Haus. Du weißt, wo du dich hinzustellen hast.«

Ich stand auf, trat hinten an den Stuhl, hielt mich mit den Händen an der Rückenlehne fest und senkte den Kopf.

Klatsch!

Für gewöhnlich begann meine Bestrafung mit Reiben und kleinen Klapsen. Die Intensität des ersten Schlags bestätigte mir, dass ich dieses Mal viel zu weit gegangen war.

Klatsch!

Ich kniff die Arschbacken zusammen und hielt ein paar Sekunden lang die Luft an. Als der Schmerz und ich eins geworden waren, stieß ich die Luft aus und entspannte meine Arschbacken. Ich reckte Daddy meinen Hintern entgegen.

Klatsch!

Die Gedanken an meine Frechheiten und die kleinen Sorgen des Alltags verblassten. Erotische Bilder tauchten vor meinem inneren Auge auf: ich und Daddy, wie wir uns aneinander rieben, Haut an Haut. Lippen, die sich aufeinanderpressten. Kleine Bisse an meinem Hals. Bald schon trieben meine Gedanken in den Subspace – fern von dem Land, in dem Daddy sein Schätzchen für dessen schwere Vergehen auspeitschte. Die Spannung des Tages fiel von mir ab. Gedichtzeilen und Gedanken an gute Zeiten gingen mir durch den Kopf, aber nur flüchtig, nichts blieb für lange. Hier war mein sicherer Ort, an dem nichts mich körperlich oder emotional berühren konnte. Wenn ich doch in dieser Welt nur leben könnte.

Beruhigende Berührungen liebkosten mein Hinterteil. Ich hatte gar nicht gemerkt, dass ich die Augen geschlossen hatte, bis ich sie öffnete und Daddy beinahe schläfrig anschaute. Mein schlaffer Körper lag über dem Schoß meines Daddys. Er streichelte meinen Rücken und drückte mich fest an sich. Ich kuschelte mich an ihn.

»Ich liebe dich, Schätzchen. Ich bin so froh, dass du in meinem Leben bist.« Seine liebevollen Worte lullten mich ein. Diesen Teil der Szene liebte ich. Mein Daddy und ich, so verliebt und verbunden.

Nach einer Weile beschloss ich, ihn wissen zu lassen, dass ich wieder ganz bei mir war. Ich küsste ihn auf den Mund. Das war immer unser Signal, dass ich wieder wach war. Er erwiderte meinen Kuss und übernahm schnell die Kontrolle, indem er an meiner Unterlippe saugte. Ich setzte mich hin und schlang meine Beine um ihn. Die Striemen auf meinem Hintern schmerzten.

Er umfasste meinen Kopf mit beiden Händen. »Ich

möchte, dass wir darüber reden, was zu dieser Situation geführt hat, Schätzchen.« Eindringlich blickte er mich an.

»Wenn du ein Problem hast, komm zu mir. Ich verurteile oder bestrafe dich nicht.«

»Ich weiß, Daddy.«

»Wenn es dir peinlich ist, um das zu bitten, was du brauchst, dann schreib mir einen Brief oder besser noch eine E-Mail – ich kann sie sofort auf meinem BlackBerry lesen.«

»Es war falsch von mir, so frech zu sein. Manchmal denke ich, dass ich damit die Kontrolle in unserer Beziehung übernehmen will. Aber ich weiß, dass diese Ehre ganz allein dir gebührt, dir allein. Es tut mir leid, Daddy.«

»In einer Hinsicht hast du Recht, Kleines. Du willst mit deinen Unverschämtheiten von unten regieren, aber deine Aufgabe ist es, dich auf meine Bedürfnisse zu konzentrieren, nicht auf deine. Dein falscher Trotz amüsiert mich manchmal, aber du musst meine Grenzen kennen lernen.« Er schwieg.

»Ich weiß, dass du Bestrafung brauchst, damit dir der Druck des Lebens genommen wird. Das ist meine Aufgabe. Ich halte Ausschau nach den Anzeichen, aber ich muss darauf bestehen, dass du zu mir kommst und es mir sagst, wenn sie zu sehr im Verborgenen liegen.« Er zog die Augenbrauen hoch.

»Du wusstest also, dass ich dich nur getestet habe.« Ich senkte den Blick, um nachzudenken. »Mein einziges Verlangen ist, dir zu dienen, und ich verspreche nachzudenken, bevor ich das nächste Mal handle. Und ich will daran arbeiten, um zu lernen, was dieses Verhalten bei mir auslöst.«

»Mehr verlange ich nicht von dir, Schätzchen.«

Ein neuer Tag, eine neue Bestrafung. Ideen, wie ich morgen unartig sein konnte, gingen mir durch den Kopf. Ich brauche das einfach, und ich glaube, mein Daddy weiß das.

Lustfänger

Charlotte Stein

Man sieht es ihm nicht an. Er sieht so lässig und zerzaust aus wie alle Brüder der besten Freundinnen überall auf der Welt, die Art von Mann, der einfach in die Küche kommt, während du dich da unterhältst, und in den Schränken nach dem Müsli sucht. Die Art von Mann, der viel zu alt ist, um noch bei den Eltern zu wohnen, aber doch da wohnt.

Er sieht aus, als wäre er an den Strand gespült worden, dachte ich. Wie etwas, das von den Erwachsenen zurückgelassen worden ist.

Sheree hasst ihn. Sie hält ihn für einen großen, ungelenken Blödmann, der gar nicht in die Öffentlichkeit gelassen werden dürfte. Sie hält ihn für langsam und dumm und ahmt seine langsame Sprechweise oft nach. Aber alle Schwestern hassen ihre Brüder, deshalb ist sie keine wirklich objektive Zeugin.

Ich hätte es wissen müssen. Ich hätte wissen müssen, dass er nicht wirklich langsam oder blöd war. Er verdient ein Schweinegeld mit seiner Internetfirma, die er von seiner düsteren Schlafhöhle aus führt, in der den ganzen Tag die Rollläden heruntergelassen sind.

Man sollte meinen, es würde dort verschwitzt und leicht nach Sperma riechen, aber das ist nicht der Fall. Ich weiß es, weil genau so der ganze Unsinn angefangen hat: Ich schlich in sein Zimmer, als er nicht da war, und untersuchte all seine Sachen. Sheree lag auf der Couch und war über der College-Bewerbung eingeschlafen.

Sie wird sich nie bewerben. Wir schaffen es beide schon seit drei Jahren nicht. Deshalb – wir sind auch nicht besser als Aaron. Unter seinem Bett stieß ich auf einen großen Haufen Bücher, die Art von Büchern, die zu lesen ich mich zwingen muss. Und auf seinen zahlreichen Computer-Bildschirmen flackerten Dinge herum, die mich denken ließen, dass er so dumm gar nicht sein konnte.

Und dann hörte ich auf einmal seine Stimme, die mir, überhaupt nicht langsam, durch und durch ging.

»Was machst du hier, Kitty-Cat?«

Ich erinnere mich, dass ich mir vorstellte, wie er auf den Knien lag und versuchte, ein kleines Kätzchen unter der Couch hervorzulocken. *Wie bist du denn da hingekommen, du kleine Muschi? Komm heraus, damit ich mit dir spielen kann.*

Trotz der Tatsache, dass er aus gewesen war, sah er so aus wie immer, nämlich als ob er gerade erst aufgestanden wäre. Zu lange zerzauste Haare, schläfrige Augen, T-Shirt und eine Hose, die verdächtig nach Schlafanzug aussah. Er ist sehr groß, und in diesem Moment kam er mir besonders groß vor.

Ich kann mich nicht erinnern, dass ich etwas erwidert habe. Ich glaube, er sagte: »Gefällt es dir, meine Sachen anzusehen?«

Ich weiß nicht, ob er die Absicht hatte, etwas Zweideutiges von sich zu geben, aber auf jeden Fall setzte es einiges in Bewegung. Ich dachte an seine braunen Augen und seine großen Hände. Ich ließ mir von ihm die Website erklären, an der er gearbeitet hatte, und dazu musste er mich einhüllen wie eine große warme Spinne, während ich vor ihm auf einem Hocker saß.

Er roch wie die hellgrüne Seife in den kleinen Holzschachteln, die es in jedem Supermarkt zu kaufen gibt. Der Geruch war nicht unangenehm, scharf und würzig.

Es war alles sehr gut. Ich glaube nicht, dass er es auf mich abgesehen hatte, aber er beklagte sich auch nicht, als ich mich auf einmal einfach umdrehte und ihn küsste. Ich glaube, es lag an seiner Wärme, seinen zerzausten Haaren und dem Geruch nach Seife.

Er erwiderte meinen Kuss, einfach so. Er sagte: »Bist du sicher, dass du das willst, Kit?« Und in seiner Stimme war ein Lachen, ein kleines Necken, das wie heiße Schokolade schmeckte.

»Klar«, sagte ich.

Ich hätte wissen müssen, dass man eine solche Frage nicht umsonst stellt.

Es ist seltsam. Zuerst hatte ich keine Ahnung, dass er überhaupt etwas tat. Er wirkte sehr gentlemanlike, und wenn unsere geheimen Treffen und meine Ausflüge in sein Schlafzimmer damit endeten, dass ich in Flammen stand, nun, dann musste das so sein. So geht es eben zwischen Erwachsenen – sie knutschen nicht im Auto miteinander herum.

Sie warten darauf, dass die Dinge ihren höflichen Weg gehen. Beim dritten Treffen wollte ich dann auch in aller Höflichkeit seinen Körper spüren.

Und bei diesem dritten Treffen kam mir ein schrecklicher Gedanke. Als ich ihn auf dem Vordersitz seines blöden kleinen Käfers ansprang und er versuchte, mich abzuwehren, stellte ich fest, dass *ich* diejenige war, von der die Initiative ausging. Und er zögerte immer alles hinaus.

Aber er lachte dabei und fragte mich mit seiner Karamellstimme, warum ich es denn so eilig hätte.

Am Anfang fand ich das echt cool von ihm, allerdings wird es weniger cool, je länger er es macht. Er ist ein Klitorisfopper. Ein Quäler. Es macht ihn an, mich leiden zu sehen. Dabei ist er älter und selbstsicherer als ich und sollte mich einfach ficken.

Und er wird auch mit jedem Augenblick, in dem wir nicht vögeln, attraktiver. Er hat eine kumulative Wirkung auf mich. Alles hat eine kumulative Wirkung. Die Tatsache, dass wir uns heimlich treffen, weil er der Bruder meiner besten Freundin ist, die Tatsache, dass seine Eltern oft unten sind, während wir auf seinem Bett liegen, die Tatsache, dass er so groß wie ein Haus ist und mich völlig verschluckt, wenn er auf mir liegt.

Ich reagiere mittlerweile auf die kleinsten Kleinigkeiten. Ich werde nass, wenn er mir aus dem Mantel hilft. Wenn er ein Knie zwischen meine Beine schiebt und mich aufs Bett zurückdrängt. Wenn er sagt »Schscht«.

Ich zittere schon. Meine Wangen sind so heiß, als stünde ich in Flammen. Wenn sein Körper über meinen gleitet und zwei Stoffschichten über meine Nippel schaben, schlage ich mit den Beinen.

»Was ist los, Kitty-Cat?«, fragt er, während er an der empfindlichen Stelle hinter meinem Ohr saugt. Er fragt es, wenn er mich mit schnellen Zungenschlägen ableckt. Ich stehe am Rand eines Erregungsabgrunds und warte nur darauf, dass er meine Titten fest anpackt und in mich eindringt.

»Nichts«, sage ich und klammere mich wie eine Ertrinkende an seinen Rücken.

Es hilft nicht, dass er mich nie küsst, wie andere Freunde es getan haben. Seine Lippen öffnen sich sanft über meinen, beginnen mit langsamen, sinnlichen Bewegungen, und dann stößt seine Zunge in meinen Mund wie ein Schwanz.

Ich bereue es jetzt, dass ich keine Unterwäsche trage. Ich bin so nass, dass ich am ganzen Körper glitschig bin, auch ohne dass er mich angefasst hat. Eigentlich ist es wohl nicht ratsam, dass ich mich selbst anfasse, aber ich muss einfach. Es ist wie ein Zwang. Wenn ich auf dem Bett nur ein bisschen weiterrücken könnte, könnte ich meine Möse an seinem Schenkel reiben.

Aber er hält mich eisern fest. Dummerweise reiben meine Nippel dabei an seiner Brust, und seine Hand gibt vor, zu meiner Möse zu gleiten, bewegt sich dann aber im letzten Moment in eine andere Richtung. Ich könnte weinen. Ich könnte betteln. Vielleicht will er das ja sogar.

Aber dieser Gedanke hilft mir jetzt auch nicht weiter.

Er stöhnt gerade in meinen Mund. Er stöhnt so, wie Leute stöhnen, wenn sie etwas wirklich Leckeres essen. Und er schaukelt quasi gegen mich, während er mit seiner großen Hand meinen Hinterkopf umfasst und seinen Mund auf meinen drückt. Ich bin mir sicher, dass sich etwas Dickes, Schweres an meiner Hüfte reibt.

Es ist zu viel. Ich muss etwas sagen. Ich befreie mich aus seinem Griff und drücke ihn hoch, aber das ist wahrscheinlich ein Fehler, weil er mich ansieht, als hätte ich etwas Gemeines getan.

Aber er erzwingt nichts. Er wartet. Er wartet immer. Das ist das Problem.

»Soll ich dir einen blasen?«, sprudele ich hervor. Das scheint mir das richtige Angebot zu sein. Kein Mann kann einem nassen, heißen Mund auf seinem Schwanz widerstehen.

Er zieht nur eine Augenbraue hoch und fährt mir über eine Locke.

»Du hast es immer so eilig, Kitty-Cat«, sagt er. »Eins nach dem anderen.«

Aber ich weiß nicht, was er damit meint. Das soll mir doch mal jemand erklären. Alle anderen Jungs würden mich mittlerweile ficken und keuchen, ich solle jetzt kommen.

Aber er setzt sich nur neben mich und streichelt mich mit seinen Blicken.

»Wir wollen mal sehen, was wir sonst noch als Erstes probieren können«, sagt er, und ich danke insgeheim Gott.

Er beginnt lediglich, mit seiner großen Hand an meiner Seite entlangzustreichen; erst die eine Seite, dann die andere – lange, sinnliche Berührungen, als wollte er mich mit Butter bestreichen.

Als sich plötzlich eine seiner großen Hände um meine rechte Brust schließt – fest, aber nicht zu fest –, erschrecke ich mich so, dass ich keuche.

»Deine Brüste sind wunderschön. Sieh nur, wie gut sie in meine Hand passen«, sagt er und umfasst auch die andere.

Als Nächstes beginnt er, meine Brüste mit kreisenden Bewegungen zu massieren, die den Nippeln immer näher kommen. Meine Nippel drücken sich fast durch den Stoff meiner Bluse, und sie sind so empfindlich, dass kleine Gefühlsfunken bis in meine Klitoris zucken.

Ich versuche, nicht zu wimmern oder zu stöhnen. Er weiß schon, wie geil ich bin, da brauche ich ihm nicht noch mehr zu geben. Aber als er endlich, endlich einen Nippel vorsichtig zwischen Daumen und Zeigefinger nimmt, würde ich am liebsten schreien. Und als er mich fragt, ob er seine Hand auf die bloße Haut legen soll, würde ich am liebsten noch lauter schreien.

Ich glaube, ich bringe keinen zusammenhängenden Satz mehr heraus. Dass er meine Bluse aufknöpft, ist das Aufregendste, was mir je passiert ist. Meine Klitoris pocht und richtet sich auf, und ich habe hinten auf meinem Rock bestimmt einen nassen Fleck. Beinahe komme ich, als er seine Hand unter die Bluse schiebt.

Es ist sogar noch schlimmer, als er meinen nackten Nippel streichelt. Und dann noch einmal schlimmer, als er seine Hand wegnimmt. Ich wimmere, er lächelt wissend und leckt über seinen Daumen, um den steifen Nippel mit der nassen Fläche zu reiben.

Unwillkürlich muss ich stöhnen. Ich stöhne und bäume mich auf und möchte unbedingt meine Klitoris berühren. Aber wenn ich das tue, hat alles bestimmt ein Ende. Es ist zwar nichts gesagt worden, aber ich bin mir sicher: Wenn ich dieses Schneckentempo unterbreche, hört er auf. Dann bin ich wieder da, wo ich mit den anderen Jungen und ihrem »Komm jetzt endlich« war.

Als er schließlich sagt: »Das reicht jetzt für Phase zwei«, könnte ich ihn umbringen. Ich könnte schreien. Aber ich weiß jetzt, wie er es will. Er verzieht den Mund zu einem neckenden Lächeln. So muss es eben sein.

Ich berühre mich nicht, noch nicht einmal, als ich zu Hause bin.

Als ich ihn das nächste Mal sehe, ist es schlimmer, weil ich schon weiß, was mich erwartet. Die Fundamente sind gelegt, und selbst als er mich ganz auszieht, weiß ich, dass er die Lust von mir fernhalten wird.

Ich sollte vermutlich denken, dass er auch nicht besser ist als die anderen Jungs, dass er egoistisch ist, und das würde ich auch denken, wenn er ständig in meinen Mund und meine Muschi und so kommen würde. Aber er zieht sich ja noch nicht einmal die Hose aus, was soll ich also denken?

Ganz zu schweigen davon, dass er nur nette Dinge zu mir sagt, als ich nackt auf seinem Bett liege. Ich bin wunderschön und sexy, und er möchte mich am ganzen

Körper streicheln. Und genau das tut er, und ich winde mich unter seinen eingeölten Händen.

Ich weiß nicht, warum das nach Phase zwei die nächste Phase sein soll, aber ich glaube, ich kann mich nicht beklagen. Ich lege meinen Kopf auf sein Kissen und rieche seinen Geruch nach grüner Seife und lasse mich von seinen Händen hypnotisieren.

Eigentlich massiert er mich nicht. Er erforscht mich gründlich, und ich bin eher entspannt als erregt, und alle meine Nerven prickeln, bis ich schließlich am ganzen Leib zittere. Ich zittere, als ob ich kommen würde, und eigentlich fühlt es sich auch so an. Es ist wie ein Orgasmus, nur dass es keiner ist, und die ganze Zeit über sagt er »Schscht, schscht«.

Aber das ist okay, weil mein Körper singt. Ich kann es kaum ertragen. Nein, ich kann, ich kann, und ich glaube, er weiß die Wahrheit.

Er sagt mir mit seiner trägen Karamellstimme, ich solle mich wieder anziehen. Und ich gehorche. Ich fühle mich klebrig und ölig in meinen Sachen, und er liegt auf dem Bett und beobachtet mich bei meinem umgekehrten Striptease.

Ich glaube, ich kann seine Augen spüren, die sich gegen meine Klitoris drücken. Sie flattert und protestiert, sie schwimmt in Honig und ist genauso glitschig wie der Rest meines Körpers.

»Bis morgen, Kit«, sagt er und gibt mir einen zärtlichen Abschiedskuss.

Ich berühre mich nicht, als ich nach Hause komme.

Ist das der Abend der dritten Phase? Ist es mehr? Ich habe jegliches Zeitgefühl verloren. Er hat mich nackt gesehen, er hat mit mir geduscht und meinen schmerzenden Körper eingeseift, er hat Obststückchen aus meinem Bauchnabel geleckt.

Gestern Abend hat er an meinen Nippeln gesaugt. Schauer überliefen mich, wieder wie ein Orgasmus, aber nicht ganz. Er hatte sein Bein zwischen meinen Schenkeln, und ich glaube, ich habe den dünnen Stoff seiner Pyjamahose ganz nass gemacht.

Aber das machte ihm nichts aus.

Und jetzt liegen wir auf seinem Bett und küssen uns hungrig. Empfindungen wirbeln durch meinen Bauch, wenn ich nur daran denke, was er heute Abend wohl mit mir vorhat. Heute könnte der Abend sein.

Eigentlich bin ich sogar sicher, dass er es ist, bis er etwas tut. Danach bin ich einfach nur erstaunt, dass er endlich die Linie überschritten hat. Seine Hand liegt unter meinem Rock, an meinem Oberschenkel.

Ich bin nicht darauf vorbereitet, als er mir sagt, ich solle meinen Rock ausziehen. Es ist eigentlich kein Befehl, sondern er sagt es wie alles, ruhig und leise.

Und ich beeile mich auszuführen, was er mir gar nicht befohlen hat.

Ich schiebe das Ding an meinen Beinen hinunter, kurz verlegen, weil ich keine Unterwäsche trage, weil ich jetzt nie mehr Unterwäsche trage, wenn ich zu ihm gehe, aber ich bin schon zu weit, um mir wirklich etwas daraus zu machen. Das geht schon wochenlang so, warum sollte es mir jetzt peinlich sein?

Er legt seine große Hand auf meinen Venushügel. Ich stöhne wie nie zuvor. Ich stöhne und dränge mich an ihn. Ich bin so nass, dass meine Schamlippen sich ganz von selbst öffnen.

Aber er kennt sich mit diesem Spiel aus. Er streichelt einmal durch meine feuchten Löckchen und nimmt dann die Hand weg. Er gibt mir die Illusion, diese geschwollenen Lippen berührt zu haben, und wartet darauf, dass ich wieder stöhne.

Als ich es tue, murmelt er etwas, das ich am liebsten aufnehmen würde.

»Oh, *du reagierst so stark*«, sagt er, und ich schlage mir schluchzend die Hände vors Gesicht.

Mit der Spitze eines Fingers gleitet er durch meine geheime Spalte, ohne wirklich einzudringen. Ich bin so verzweifelt, dass ich am liebsten seine Hand festhalten würde. Ich muss ihn zwingen, in mich einzudringen. Ich muss ihn anflehen.

Aber stattdessen hole ich tief Luft und beherrsche mich.

Meine Belohnung ist ein festeres Streicheln, und sein dicker Daumen öffnet meine Falten. Er meidet meine schmerzende, prickelnde Klitoris, aber sein Streicheln sendet ihr lustvolle Botschaften. Meine Möse zieht sich zusammen.

»Wirst du immer so nass, Kitty-Cat?«, fragt er mich, aber er muss doch eigentlich wissen, dass ich nicht sprechen kann. Er blickt direkt auf das Herz meines Geschlechts und beugt sich noch dichter darüber, so dass er sehen kann, wie ich immer nasser werde. Sein Atem gleitet über meine steife Knospe, und ich keuche seinen Namen.

»Wirst du denn auch so nass, wenn du masturbierst? Schwillt deine Klitoris immer so an? Ich wette, du könntest es kaum ertragen, wenn ich sie jetzt berühre …«

Natürlich, als er das tut, tanze ich für ihn wie eine Marionette.

Aber ich komme nicht. Nicht ganz. Ich bin so nahe dran, dass ich die Schwingungen in meinem Bauch spüre. Und als er den Finger von meiner Klitoris wegzieht und durch den Honig zu meinem Loch gleiten lässt, ersticke ich fast an meiner eigenen Frustration.

Ich komme auch nicht, als er zwei Finger direkt bis zum Anschlag hineinschiebt und der Laut, den ich von mir gebe, sich zu einem langgezogenen Stöhnen ausdehnt.

»Magst du das?«, fragt er, und ich bin sicher, er hat den Kopf schräg gelegt. Möglicherweise hat er auch eine Augenbraue hochgezogen. Ich kann allerdings nicht die Hände von meinem Gesicht nehmen, um es zu sehen.

Wenn ich sie nämlich wegnehme, dann hört er vielleicht auf.

»Es scheint, dass dir das gefällt. Ich spüre, wie deine Muskeln sich zusammenziehen. Und du bist so nass, so nass und geschwollen, vor allem … vor allem genau … hier.«

Er verdreht seine Finger in mir und reibt, als ob mich etwas jucken würde. Und tief in meinem Geschlecht ist tatsächlich eine juckende Stelle, und er beruhigt sie schön langsam.

Aber mit langsam kann ich nichts mehr anfangen, dazu ist es zu spät. Langsam war alles, was vorausgegangen ist, und jetzt fickt er meine Möse mit zwei dicken Fingern und reibt sie an meinem G-Punkt, als wenn es so einfach wäre.

Und, oh Jesus, er beugt sich doch tatsächlich über meine schmerzende Klitoris, und ich könnte ... oh ja. Und dann, ah, leckt er mit seiner spitzen Zunge über meine Knospe.

Es ist nur eine ganz leichte Berührung, wirklich – aber sie reicht aus, und ich komme über seine Hand.

Und ich komme, bei Gott, ich komme. Ich winde mich in Zuckungen, der Honig fließt aus meiner Möse, und die Laute, die aus meinem Mund dringen, klingen wie bei einem Tier. Ich grunze und schreie und stöhne, und dann reißt etwas unter meiner Faust, und ich merke, dass ich sein Bettlaken zerrissen habe, aber er lacht nur und bearbeitet mich weiter mit seinen Fingern, grob und langsam.

Jetzt hat er mich hungrig gemacht, viel zu hungrig, und ein weiterer Orgasmus baut sich schon auf, noch bevor der erste vorbei ist. Ich winde mich immer noch stöhnend auf dem Bett, als er seine Finger durch seinen Schwanz ersetzt. Er ist so dick, es raubt mir fast den Atem.

Ich bäume mich auf, aber er ist zu schwer, und plötzlich lässt er sich durch nichts mehr vom Ficken abbringen.

Ich bin immer noch so geschwollen vor Lust, dass es mir so vorkommt, als ob ich jeden Millimeter seines

Schwanzes fühlen kann, des Schwanzes, den ich noch nie gesehen habe. Ich versuche, meine Muschi um ihn zu schmiegen, aber es ist kein Raum übrig.

Er keucht und stößt Sätze hervor wie: »Gott, das dauert nicht lange!«

Ich kann nichts dagegen machen, ich muss lachen. Was meint er? Das hat doch ewig gedauert – ist es nicht mindestens hundert Jahre her, dass wir angefangen haben?

Als er nach unten greift, um meine Klitoris zu berühren, schlage ich ihm fast die Hand weg. Nicht mehr, bitte, nicht mehr. Selbst wenn ich mehr wollte – nicht mehr, bitte.

Er hört nicht auf mich. Aber das muss er ja auch nicht. Sein Finger kreist um meine Klitoris, und als ich schließlich ein weiteres Mal keuchend und zuckend komme und seinen Namen viel zu laut rufe, macht er genau das Gleiche.

Ich fühle, wie er in mir anschwillt. Er stöhnt: *Ja, so gut, so gut.*

Und dann ist es vorbei. Es ist vorbei.

Ich möchte ihn fragen, was für ein Spiel er gespielt hat, als wir hinterher in angenehmem Schweigen auf seinem schmalen Bett liegen und in der Herbstluft, die durch das Fenster strömt, langsam abkühlen. Aber ich glaube nicht, dass er es mir erklären kann.

Es ist so, als hielte er all meine Lust in einer kleinen juwelenbesetzten Schachtel, und erst als ich wirklich bereit war, zeigte er mir, was darin war. Das denke ich die ganze Zeit, während er leicht über die Innenseite meines Arms streichelt.

Ich sollte jetzt vermutlich enttäuscht sein. All diese Schätze sind jetzt verbraucht. Alles, was so mühsam aufgebaut wurde, ist jetzt verschwendet, pulverisiert von einem intensiven Orgasmus, dass ich die Nachwirkungen immer noch spüre.

Zum Glück hat er eine Lösung. Ich hätte es wissen müssen. Er ist viel zu schlau, um keine zu haben. Gerade als ich einschlafen will, dreht er den Kopf auf dem Kissen. Seine Augen glitzern vor böser Absicht.

»Möchtest du es auch einmal andersherum probieren?«, fragt er, und ich denke an die anderen Jungs, die immer nur zu bekommen versuchen, was sie wollen, und mir nie geben, was ich brauche. Aber Aaron ist nicht so. Mit ihm ist es ein völlig anderes Spiel. Er kann sein Verlangen so leicht verbergen, dass ich keine Ahnung habe, wie weit ich bei ihm gehen müsste.

»Ja«, sage ich zu ihm. »Ja, das kann ich machen.«

Willkommen in der Welt

Ariel Graham

Sie erwachte im Käfig, was sie verwirrte. Das letzte Mal hatte sie vor über einem Jahr im Käfig geschlafen.

Früher einmal war der Käfig ein Schlupfloch gewesen, in das Lisa sich zurückzog, wenn die Welt ihr zu viel wurde und sie das Gefühl hatte, jemand anderer müsse die Verantwortung für sie übernehmen.

Aber nach und nach war es anders geworden, der Käfig hatte nur noch erotische Bedeutung, und sie wurde gegen ihren Willen darin eingesperrt.

Und dann war es ganz vorbei gewesen. Mark hatte einen Job, in dem er pendeln musste, und Lisa bekam den Job, den sie liebte, und aus dem Käfig wurde eine Art überdimensionaler Nachttisch.

Heute Nacht jedoch hatte sie darin geschlafen.

Die warmen Strahlen der Morgensonne drangen durch die Gitterstäbe. Ihr Körper fühlte sich sinnlich und wund an, offensichtlich gut benutzt.

Sie verrenkte den Hals. Der Wecker hatte geklingelt – davon war sie wach geworden –, und Marks Seite des Bettes war leer.

Warum bin ich an einem Wochentag hier?, dachte sie.

Und dann fiel es ihr ein: Sie hatten bis spät in die Nacht miteinander geredet, waren zu einer Einigung gekommen und wollten neu anfangen.

Ja, aber.

Sie blickte auf ihre Armbanduhr, die sie noch trug, eine Digitaluhr mit billigem Armband, das sich von ihrer nackten Haut deutlich abhob.

Es war schon spät. Sie würde zu spät kommen. »Mark?«

Er steckte den Kopf durch die Badezimmertür. »Guten Morgen, Sonnenschein«, sagte er mit von Zahnpasta verschmiertem Mund. Mark sah die meiste Zeit wie ein kleiner Junge aus, mit zerzausten braunen Haaren und unschuldigen Augen. Es erstaunte sie immer wieder, dass er sich in Sekundenbruchteilen in ihren Herrn und Meister verwandeln konnte.

Aber das hatte er schon so lange nicht mehr gemacht.

Sie schluckte, und ihre Stimme war schwach, als sie sagte: »Ich komme zu spät ...?« Aus der Feststellung wurde eine Frage. Sie hatten über ihre Arbeit gesprochen. Sie liebte ihre Arbeit. Sie arbeitete in einer Bäckerei mit angeschlossenem Blumengeschäft, machte wunderschöne Kuchen und Plätzchen, die wie Blumen geformt waren, und manchmal band sie auch Sträuße. Ihr Chef war zwar nicht großartig, aber er war auch nicht übel. Was hatten sie beschlossen? Mark, der von zu Hause aus arbeitete, hatte gesagt, er wolle sie wieder nach Hause holen, sie solle sich mehr im Haus aufhalten und ihm gehören.

Aber sie war doch damit nicht einverstanden gewesen, oder?

»Haben wir gestern Abend getrunken?« Ihr war so schwindlig.

Mark grinste sie an. Nackt saß er auf dem Bett. Sein Schwanz war erigiert, glücklich und feucht nach dem Duschen. Wassertropfen glitzerten in den dunkleren Haaren an seinen Eiern. Sie hätte gerne ihr Gesicht dort vergraben, ihren merkwürdigen Durst mit dem Wasser vom Duschen gestillt und seinen Schwanz in den Mund genommen.

»Mark?«

»Ich habe dich heute früh krankgemeldet. Und nein, wir haben nichts getrunken. Dazu hatten wir zu viel zu besprechen. Erinnerst du dich nicht?«

Nein. Sie erinnerte sich zwar an ein langes Gespräch über ihre Beziehung, aber … »Wir haben nicht nur geredet?«

Er grinste. »Deshalb ist dir so schwindlig. Du bist ganz hoch geflogen. Sehr hoch.«

Aber ihr Körper fühlte sich gar nicht wund an. Jedenfalls nicht überall, was bedeutete, dass er gut auf sie aufgepasst hatte und das wundervolle Gefühl von den Fesseln gekommen war.

Denn wenn es einen anderen Grund gäbe, hätte sie sich bestimmt daran erinnert.

Lisa streckte sich im Käfig, so gut sie konnte. Trotz der Verrenkungen fühlte sie sich entspannt und sinnlich. Aber ihr Kopf signalisierte Gefahr.

»Mark? Du hast doch meinen Job nicht gekündigt,

oder?« Sie hielt den Atem an. Das Leben war in einem heiklen Gleichgewicht, und es konnte schnell durcheinandergeraten. Sie wusste, was er wollte, und sie glaubte, es aushalten zu können, noch isolierter zu sein, noch mehr ihm zu gehören, aber der Job war eben ein Job.

»Das habe ich mir vorbehalten. Du kannst ihn behalten, solange du alles befolgst.«

Panik und Erleichterung zugleich durchströmten sie. Sie hatte ihren Job noch.

... aber was sollte sie befolgen?

Am Vormittag ließ er sie heraus, weil sie zur Toilette musste. Anschließend ließ er sie eine halbe Stunde auf dem Laufband laufen und arbeitete, bis sie fertig war. Dann schickte er sie unter die Dusche. Als sie fertig war, hatte er die Wanne halb voll mit heißem Wasser laufen lassen, und sie musste hineinsteigen. Misstrauisch lehnte Lisa sich zurück, und Mark sagte: »Zieh die Knie an und spreiz die Beine.« Er hielt ein Rasiermesser und Rasierschaum in der Hand.

»Nein, Mark, bitte, ich hasse das«, sagte sie. Er kniete sich neben die Wanne und hielt ihr den Mund zu.

»Du erinnerst dich wirklich nicht an gestern Abend.«

Sie schüttelte den Kopf.

»Wir gehen eine Zeit lang in die Welt. Du hast zugestimmt, es zu versuchen. Das Wort *Sklave* konntest du nicht über die Lippen bringen, aber du hast zugestimmt, absolut devot zu sein, im Haus und außerhalb des Hauses. Willst du die Notizen sehen, die wir gemacht haben, und die Vereinbarung ...«

Sie schüttelte den Kopf. Jetzt kam die Erinnerung wieder, und ihr fiel ein, dass sie diskutiert und die Vereinbarung getroffen hatten, nachdem er sie mit dem Orgasmus willenlos gemacht hatte.

Er sah die Veränderung, die sich auf ihrem Gesicht abzeichnete. Als sie ihn wieder anschaute, sagte er: »Spreiz deine Beine.«

Lisa spreizte die Beine. Sie beobachtete im Spiegel, den er auf den Badewannenrand gestellt hatte, wie er den Schaum auf ihrer Muschi verteilte und die weichen rotblonden Haare abrasierte. Immer wieder fuhr er prüfend mit dem Finger und dem Rasiermesser über ihren Venushügel, bis er auch das letzte Haar entfernt hatte. Dann musste sie sich in die Wanne knien, und er rasierte sie auch zwischen den Arschbacken, bis ihre Möse und ihr Hintern entblößt, sauber und nackt waren.

Sie stand auf, und er kniete sich auf die Badematte vor sie und berührte sie, zog ihre Schamlippen auseinander und drückte seinen Daumen auf ihre Klitoris. »Das gehört mir«, sagte er mit heiserer Stimme. »Das alles gehört mir. Dreh dich um und beug dich vor.«

Sie wimmerte, aber sie gehorchte, und er spreizte sie weit und schaute sie nur an. Er nahm sie in Besitz.

»Leg dich aufs Bett. Auf den Bauch. Hände hinter den Rücken.«

Und dann fiel ihr alles vom Abend zuvor wieder ein.

Er kniete hinter ihr auf dem Bett, und sie spürte, wie die Handschellen zuklickten, bevor sie protestieren konnte. Sie hasste Handschellen, deshalb benutzte er sie ja.

Deshalb, und weil sie sicher waren.

»Lieg still«, sagte er zu ihr. »Und sprich nicht. Keinen Ton.«

Sie lag da, die Hände hinten auf dem Rücken gefesselt, und fragte sich, warum es immer noch so erniedrigend war, von ihm so behandelt zu werden.

»Mach die Beine breit«, sagte er. Seine Stimme klang heiser.

Lisa hörte, wie er eine Dose öffnete, dann spürte sie etwas Kaltes, Glattes an ihrem Arschloch. Sie erstarrte, dann trat sie wild um sich. Irgendwo tief in ihrem Innern flüsterte ein Beobachter, dass sie keinen Laut von sich gab, und wie seltsam es war, dass sie nur zum Teil gehorchte.

»Lisa.« Seine Stimme klang streng. Er war ihr Herr.

Sie bäumte sich auf. Genau in dieser Minute hatten sie vor Monaten aufgehört. Sie war aus dem Spiel herausgetreten und in die Realität zurückgegangen, ohne ein Sicherheitswort, eine Diskussion oder einen Kompromiss.

Es gab Aspekte, die sie an der Vorstellung, besessen zu werden, liebte: jederzeit Sex. Ihn Sir zu nennen. Spanking und Bestrafungen. Sie liebte es, gefesselt zu werden, aus Gründen, die sie gar nicht verstehen wollte. Wenn er sie festhielt und von hinten fickte, wurde sie wild. Wenn er ihr die Hände fesselte, sie auf den Rücken warf und sie fickte, bis sie beide kamen, dann hatte sie einen Orgasmus nach dem anderen. Wenn er sie an den Bettpfosten band und mit ihr spielte, ihr die Augen verband – dann flog sie.

Aber es war nur Spiel. Denn sie konnte nein sagen

und tat es auch. Nein als Sicherheitswort, einfach nur nein. Sie hasste es, wenn er sie untersuchte, ganz genau hinsah. Sie hasste es, rasiert zu werden. Sie stand nicht auf Spielzeuge. Und sie wollte die Kontrolle behalten.

Es war ein Spiel. Und wenn es zu weit ging, stoppte sie es.

Aber das hier: Sie hatten immer und immer wieder darüber geredet, so auch letzte Nacht, als sie vor Lust nicht bei Verstand gewesen war.

Das hier war kein Spiel. Das war Welt, und sie hatte es schon einmal gestoppt.

Sie bäumte sich auf. Sie trat und wand sich und versuchte, sich von ihm freizukämpfen.

Mark drückte ihr sein gesamtes Gewicht auf die Hüften. Sie konnte spüren, wie hart er war, als er sich vorbeugte und ihre Schultern hinunterpresste. Er legte sich einfach auf sie.

Als sie sich immer noch wehrte, kniete er sich hin und drückte ihr ein Knie unten gegen den Rücken.

Er flüsterte ihr nur drei Worte ins Ohr.

»Unterwirf dich, Lisa.«

Sie hielt still, und ihr Körper erschlaffte. Das umgekehrte Sicherheitswort. Er konnte es ihr jederzeit, an jedem Ort ins Ohr flüstern, und sie würde gehorchen.

Aber er hatte es nie getan.

Es war ein *Spiel* gewesen.

Sie holte tief Luft. Ihr Körper entspannte sich, und sie spreizte die Beine.

Mark ließ sie los, nach und nach, falls sie sich doch noch einmal wehrte.

Mark kniete sich wieder zwischen ihre Beine. Etwas Kaltes, Glattes berührte ihr Arschloch, und Mark zog ihre Arschbacken auseinander. Er presste das kalte Gel hinein und verteilte es. Lisa unterdrückte ein Stöhnen, Mark hielt inne, dann schob er seinen Finger tief in sie hinein und fickte sie langsam damit. Lisa biss sich auf die Lippen und versuchte, nicht zu protestieren. Sie kniff fest die Augen zusammen und versuchte wegzukommen.

»Bleib bei mir«, befahl Mark. Er zog den Finger weg und ersetzte ihn durch einen langen, schlanken Dildo. Sie sah ihn beinahe vor sich. Wahrscheinlich hatte sie ihn ohnehin schon einmal gesehen. Er schob ihn langsam in sie hinein, so dass sie spüren konnte, wie er in ihren geheimsten Ort eindrang.

»Ich werde dich dort ficken«, flüsterte er. »Dein Arschloch wird immer größer werden, bis du meinen Schwanz in deinem Arsch aufnehmen kannst. Wir werden dich trainieren, so wie wir es gestern Abend besprochen haben. Erinnerst du dich?«

Nein, nicht besonders deutlich. Aber es spielte auch keine Rolle. In ihr baute sich eine Hitze auf, ein Sehnen, gefüllt zu werden. Und dann presste er seine Handfläche über ihre Klitoris und ihre Möse und bewegte sie sehr schnell, während er den Dildo tief in ihren Arsch hineinschob.

»Komm. Hart«, flüsterte er.

Und Lisa gehorchte.

Zwei Tage später ging sie wieder zur Arbeit, unter der Bedingung, dass sie verstand und alles befolgte. Und jetzt wusste sie auch, was sie verstehen und was sie befolgen sollte.

Sie gehörte ihm. In den späten Stunden jener Nacht, in der er sie hatte fliegen lassen, hatte sie eine Vereinbarung unterschrieben, mit ihm für ein Jahr und einen Tag in die Welt zu gehen. Sie gab sich ihm vollständig hin. Sie hatte das Recht aufgegeben, ohne seine Erlaubnis Kleider zu tragen, und sie war damit einverstanden gewesen, dass sie mit gleichgesinnten Paaren verkehrten, wenn Mark welche finden sollte. Auf der Arbeit konnte sie Unterwäsche tragen, zumal es vom Gesetzgeber vorgeschrieben war, aber sonst nirgendwo. Zu Hause konnte er alle ihre Termine absagen oder sie krankmelden, solange sie nicht ihren Job verlor. Sie würde nackt sein, seinen Befehlen gehorchen, oft mit Arschstöpsel, immer gut gefickt, wenn auch nicht zwangsläufig von ihm. Er konnte sie mit anderen teilen und würde das auch tun, wie er sagte. Er konnte ihren Körper ohne ihr Gesicht fotografieren und Fotos online posten. Und die Bestrafungen …

Darauf freute Lisa sich schon.

Mark hatte ihr zwei Dinge zugesichert. *Ich werde dir kein Leid zufügen. Ich werde nicht zulassen, dass dir wehgetan wird.*

Und so war es jetzt.

Ihr Arsch gehörte ihm, er trainierte und fickte ihn. Ihr Körper gehörte ihm. Ihre Bestrafung war seine Sache. Ihr Verantwortungsgefühl oblag ebenfalls ihm.

Zwei Tage später ging sie mit einem BH zur Arbeit, der mit der rauen Seite eines Klettbandes gefüttert war.

Sie trug einen String, der zwei Nummern zu klein war und tief in ihre Ritze einschnitt. Und nach der Arbeit hatte er ihr ein Spanking versprochen, nach dem sie nicht mehr würde sitzen können.

Sie hatte versprochen, in der Mittagspause nach Hause zu kommen und auf der Arbeit nicht viel zu sprechen, damit Mark sie ihren Job behalten ließ. Noch.

»Sind Sie okay, Lisa?« fragte ihr Chef, als Lisa die dritte Blumenvase an diesem Tag fallen ließ.

»Ja, nur ungeschickt«, erwiderte Lisa. Sie konnte ihr Grinsen kaum unterdrücken, weil in ihrer Welt alles perfekt war.

Schlaganfall

Lisabet Sarai

»Nein.«

Ich sprang beinahe aus meinen Gesundheitslatschen, als ich den unerwarteten Befehl vernahm. Besorgt musterte ich die bewegungslose Gestalt auf dem Bett. »Was?«

»Schließen Sie nicht die Vorhänge. Ich möchte den Mond beobachten.« Ich blickte erneut zum Fenster. Die silberne Scheibe des Mondes stieg gerade über die Silhouette der Bäume um Lindenwood herum.

»In Ordnung, Mr …« Ich blinzelte im Dämmerlicht, um das Krankenblatt am Ende seines Bettes lesen zu können. »Carver.« Jonathan Carver, vierundsechzig, Blutung in der rechten Gehirnhälfte. Hemiplegie, Nystagmus, vorübergehende Apraxie, reduzierte periphere Sicht im linken Auge.

»Dr. Carver. Bringt man euch verdammten Krankenschwestern keinen Respekt mehr bei?« Meine Wangen brannten vor unerklärlicher Scham. Seine kultivierte Stimme besaß eine Autorität, die mich wieder in die Schulzeit zurückversetzte. Mr DeFazio und sein berüchtigter Tafelstock. Tränen in den Augen der Schüler, die so ungezogen gewesen waren, dass er sie bestrafen musste. Ich war immer brav, gehorsam und fleißig, aber ich konnte mich noch gut daran erinnern, wie heiß mir unter seinem Blick geworden war.

»Entschuldigung, Dr. Carver.« Der Mann fummelte mit der Fernbedienung, um sich in eine sitzende Position zu bringen. »Warten Sie, ich helfe Ihnen.«

»Das kann ich allein.« Er runzelte die hohe Stirn. Brauchte drei Anläufe, bis er auf den richtigen Knopf gedrückt hatte, selbst mit der rechten Hand. Offensichtlich gab es beidseitige Schäden. Er presste die Lippen zusammen, und sein kantiges Gesicht verzerrte sich vor Konzentration. Endlich surrte der Motor, und das Bett hob sich um ein paar Zentimeter. Mit einem angewiderten Seufzer sank er in die Kissen zurück und musterte seine störrischen Finger. Er hatte große Hände, die einmal stark gewesen zu sein schienen.

Ich schüttelte die Decke auf und versuchte, mein Mitleid und meine Verlegenheit zu verbergen. »Fühlen Sie sich jetzt wohl?«

Er machte eine abwehrende Handbewegung. »Wenn ich Hilfe brauche, sage ich es Ihnen«, grollte er. »Hoffentlich können Sie wenigstens ein paar einfache Anweisungen befolgen.«

»Ich tue mein Bestes.« Etwas in seiner Art brachte mich zum Erröten und Stammeln. Ich hatte auf einmal das Verlangen, ihm zu gefallen, ihm zu beweisen, dass ich kompetent war und eifrig darauf bedacht, alles zu seiner Zufriedenheit zu erledigen. Er war es offensichtlich gewohnt, Anweisungen zu geben.

Ich steckte die Decke um seine Füße fest, entwirrte das Kabel zur Fernbedienung und sammelte die gebrauchten Pappbecher vom Nachttisch ein. Ich musste etwas tun. Sein Schweigen machte mich zunehmend nervös.

»Genug, genug! Hören Sie auf, um mich herumzuwuseln, und schalten Sie das Licht ein. Wir wollen doch mal sehen, wie Sie aussehen.« Seine Stimme war im Gegensatz zu seinem Körper noch kraftvoll. Ich eilte zum Lichtschalter. In meinem Magen flatterten unzählige Schmetterlinge. »Komm her, Mädchen.«

Ich stand an der Chromreling und starrte auf meine Gesundheitslatschen. In meinen Achselhöhlen und unter meinen Brüsten sammelte sich der Schweiß.

»Sieh mich an.« Sein Tonfall war jetzt weicher, aber trotzdem noch fest. Ich blickte in seine Augen, die gletscherblau waren. »Du bist neu, oder?«

»Ja.«

»Ja, Sir«, korrigierte er mich. Meine Nippel wurden steif.

»Ja, Sir.« Ich wurde schon bei seiner Stimme erregt.

»Wie heißt du?«

»Cassie, Sir. Cassie Leonard.«

»Sieh nicht weg, Cassie. Sieh mich an. Weißt du, wer ich bin?«

»Nein, Sir. Ich habe erst diese Woche in Lindenwood angefangen. Davor war ich im Rehabilitationscenter im Miriam Hospital.«

»Meine Sklaven nennen mich Master Jonathan.«

Meine Ohrläppchen, meine Nippel, meine Fingerspitzen, alles schien auf einmal in Flammen zu stehen. Am liebsten wäre ich im Erdboden versunken. Er sollte nicht sehen, wie mich seine Worte erregten.

Aber er sah es. Ich starrte auf meine Hände. Meine Knöchel traten weiß hervor, so fest umklammerte ich die Reling.

»Du hast einen Freund, nicht wahr?«

»Ja, Sir.« Ich sah Ryan vor mir, seine braunen Locken und sein schiefes Grinsen, seinen muskulösen Brustkorb und seine festen Oberschenkel. Ich liebte ihn wirklich, mit seinem Humor, seinen sanften Fingern und seiner jungenhaften Glut. Er war ein netter junger Mann. Meine Mutter mochte ihn sehr.

»Er befriedigt dich nicht.« Das war eine Feststellung, keine Frage. Tränen der Frustration traten mir in die Augen. »Warum nicht, Cassie? Ist sein Schwanz zu klein?«

Ich konnte es kaum fassen, dass ich dieses Gespräch mit einem Fremden führte, mit einem Patienten, einem halb gelähmten Mann, der vierzig Jahre älter war als ich. Verstohlen warf ich Dr. Carver einen Blick zu. Seine Lippen waren fest zusammengepresst, aber seine Augen funkelten amüsiert.

»Nein, Sir. Sein Schwanz ist in Ordnung.« Ryan war zu Recht stolz auf seinen harten Knüppel.

»Woran liegt es dann? Ist er ein selbstsüchtiger Liebhaber? Kommt er zu früh?«

Schuldgefühl stieg in mir auf. Ryan würde nur zu gerne stundenlang meine Muschi lecken oder mich befingern, um mir einen Orgasmus zu verschaffen. Aber ich konnte nur kommen, wenn ich an die perversen Szenen in den Pornoheften dachte, die ich vor ihm versteckte, mit Auspeitschen und Spanking, mit Knebeln und Handschellen, mit all den Klischees, nach denen ich mich so sehnte.

»Nun? Erzähl es mir, Cassie. Was brauchst du, was er dir nicht geben kann? Was willst du?«

Mein Mund war ganz trocken. Ich konnte nicht sprechen. Meine Nippel waren so hart, dass sie sich unter dem gestärkten Stoff meiner Schwesterntracht abzeichneten. Meine Klitoris pochte in meiner durchnässten Unterhose.

»Cassie, ich warte.« Sein strenger Tonfall jagte Stromstöße durch meinen Körper.

Ich wagte einen Blick auf sein Gesicht. Sein linkes Lid hing leicht herunter. Seine Augen hielten meine gefangen, und er zog fragend eine Augenbraue hoch.

»Ich ... äh ... ich will ... äh ... dass er Sachen mit mir macht, Sachen, die er nicht will.« Ich versuchte, den Blick abzuwenden, aber es gelang mir nicht.

»Sachen?« Er klang amüsiert. Heiße, nasse Scham überschwemmte mich. »Was für Sachen?«

»Äh ... mich fesseln. Mir den Hintern versohlen. Mich benutzen. Mich wie seine Sklavin behandeln«, stieß ich hervor. Diese Wünsche hatte ich noch nie mit jemand anderem als mit Ryan geteilt. Und selbst ihm hatte ich nur die Spitze des Eisbergs gezeigt, die am wenigsten perversen meiner Bedürfnisse. »Aber das will er nicht. Er war schockiert, als ich es ihm erzählte. Angewidert. Er sagte, ich hätte schmutzige Gedanken.« Jetzt liefen mir die Tränen über die Wangen.

»Ja, die hast du wohl, Kleines. Köstlich schmutzige Gedanken.« Seine Stimme war wie eine Liebkosung, beruhigend und verführerisch. »Ich wusste das sofort, allein von deiner Reaktion auf meine Stimme. Dein tiefstes Verlangen ist es, dich einem strengen Herrn zu unterwerfen, nicht wahr?«

»Ja – Sir.« Erleichterung durchflutete mich, jetzt, wo ich mein Geheimnis zugegeben hatte. Wenigstens schien er mich nicht zu verdammen.

»Du möchtest geschlagen und bedrängt werden, gefesselt, ans Bett angekettet und von einem riesigen Schwanz geöffnet werden. Du möchtest im Sperma deines Meisters baden, vielleicht sogar in seiner Pisse. Du möchtest gezwungen werden, seinen Freunden zu dienen.«

Es war faszinierend und schrecklich zugleich, wie er meine dunkelsten Fantasien laut aufzählte. Meine Klitoris hatte die Größe einer reifen Pflaume, geschwollen und saftig, bereit zu platzen. Ich nickte.

»Wenn du willst, tue ich alle diese Dinge für dich.«

»Sie?« Der Vorschlag verblüffte mich so, dass ich die Anrede vergaß, aber er schien mir meinen Fehler zu verzeihen. Ich blickte in sein markantes Gesicht. »Wie …?«

»Unterschätz mich nicht, Mädchen. Ich mag zwar nicht mehr der Dom sein, der ich einmal gewesen bin, aber ich kann dich immer noch dazu bringen, dass du für meine Berührung brennst. Ich kann dich immer noch dazu bringen, dass du mich anflehst.« Er griff nach dem Anker über seinem Kopf und hievte sich in eine sitzende Position. »Zieh dich aus.«

Ich stand da wie erstarrt vor Angst und Erregung. Wenn jemand uns erwischte, würde ich meinen Job verlieren. Ich würde nie wieder Arbeit als Krankenschwester finden, und fünf Jahre Ausbildung wären vergeudet. Aber das hier war möglicherweise meine einzige Chance. Die Chance, meine Fantasien wahr werden zu lassen.

»Hast du nicht gehört? Ich habe gesagt, zieh dich aus.«

»Äh ... ja. Ja, Sir.« In meiner Hast, meine Bluse auszuziehen, riss ich beinahe die Knöpfe ab. Rasch schlüpfte ich aus meiner Hose. Als ich meinen Büstenhalter öffnete und meine Brüste herausfielen, stieß Dr. Carver anerkennend die Luft aus, und leiser Triumph stieg in mir auf. Er wollte mich. Mein Master wollte mich.

Ich schob mein durchnässtes Höschen über die Hüften zu meinen Knöcheln herunter, und der salzige Duft meiner Muschi hüllte uns ein. Wenn ich nicht so erregt gewesen wäre, wäre es mir peinlich gewesen.

»Gib es mir.« Ich legte ihm das feuchte Kleidungsstück in die Hand. Er hielt es an die Nase und inhalierte tief den Duft. »Sehr schön. Du bist bereits nass, nur von der Erwartung. Warte ab, bis du erst einmal echten Schmerz verspürst.« Er griff nach einem meiner Nippel und kniff ihn so fest, dass ich aufschrie.

»Hol eine Pinzette aus der Schublade unter dem Waschbecken.« Rasch holte ich den gewünschten Gegenstand. Woher wusste er, wo die medizinischen Instrumente hier verstaut waren? Hatte er etwa meine Vorgängerin auf die gleiche Weise verführt wie mich? Ich hatte jedoch keine Zeit zur Eifersucht, weil er meinen linken Nippel mit der Pinzette umfasste und fest zudrückte.

Schmerz raste durch meine gequälte Brust in meine Muschi und verwandelte sich auf dem Weg dahin in Lust. Je fester er zudrückte, desto mehr krampfte sich meine Möse zusammen, und meine Säfte tropften an meinen Schenkeln herunter. Ich stöhnte.

»Gefällt dir das, Mädchen?« Er ließ den wunden linken Nippel los und wandte sich dem rechten zu. Neue Stromstöße jagten durch meinen Körper. Ich zitterte, keuchte und konnte nicht antworten. »Du brauchst es mir nicht zu sagen. Ich weiß es ja. Und du wirst es noch mehr mögen, wenn ich in deine fette rote Klitoris kneife.« Bei dem obszönen Bild wäre ich fast explodiert. Meine Möse zog sich zusammen, und ich erschauerte am ganzen Körper. »Ich kann es kaum erwarten, dich schreien zu hören.«

Der Druck auf meinen Nippel ließ nach. »Dreh dich um. Spreiz deine Beine. Lass mich deinen Arsch sehen.«

Ich wollte ihm nur noch gefallen. Ich drehte mich um und bückte mich, wobei ich mich am Stuhl neben dem Bett festhielt. »Wunderschön«, murmelte er. »Deine süße weiße Haut wird sich wundervoll färben.« Sanft glitten seine Finger über mein Hinterteil. Ich stieß meinen Hintern leicht gegen das Bett und bettelte stumm um mehr.

»Ich glaube, beim ersten Mal sollte ich eine Reitgerte nehmen. Jeder Schlag wird mehr schmerzen als der letzte. Der Schmerz von einer Reitgerte ist scharf und beißend. Er frisst sich in dich hinein, in Körper und Seele. Du wirst Schaum vor dem Mund haben, mein kleines

Pony, und dein Arsch wird aussehen, als wäre er gegrillt worden. Du wirst tagelang nicht sitzen können.«

Ich konnte es alles vor mir sehen. Ich wollte es, wollte es jetzt. Die Spur seines Fingers brannte wie die Striemen, die er mir versprochen hatte. Seine seidige Stimme machte mich schwach vor Verlangen. Meine Klitoris war glühend heiß und drohte in Flammen aufzugehen.

»Fass dich an, Mädchen. Zeig mir, wie sehr du meine Sklavin sein willst.«

Das ließ ich mir nicht zweimal sagen. Vor meinem neuen Herrn kannte ich keine Scham. Ich fuhr mit der Handfläche über meine feuchten Schamlöckchen, ließ den Mittelfinger in meine nasse Spalte gleiten und rieb meine Klitoris. Ein Blitz schoss durch mich hindurch, aber er legte seine Hand auf meinen Hintern und unterbrach meinen Orgasmus.

»Cassie! Komm nicht, Sklavin! Erst wenn ich es dir gestatte. Kannst du das für mich tun?« Seine Stimme war dumpf vor Lust, und Freude jubelte in mir. Er tat das nicht nur mir zuliebe.

»Ja, Sir«, stieß ich hervor. Ich ließ meine Finger über meine geschwollenen Schamlippen gleiten und mied meine Klitoris, sosehr sie auch um Aufmerksamkeit bettelte. Mit einer Hand hielt ich meine Schamlippen weit auseinander, mit der anderen streichelte ich mich. Die magischen Finger meines Herrn glitten zu meinem Arsch zurück, kneteten und liebkosten ihn. Ich rang um Fassung.

»Vor dem ersten Auspeitschen werde ich dich fesseln und von der Decke herunterhängen. Die Handgelenke zusammengebunden, die Arme über den Kopf gestreckt. Zwischen deinen Knöcheln befestige ich einen Spreizer, damit du auch jederzeit zugänglich und offen bist. Ich habe eine feine Lederpeitsche, mit der ich dir Schultern, Rücken und Arsch auspeitsche – zuerst kommen die Schläge schnell, dann langsam, so dass sie schöne lange rote Striemen auf deiner weißen Haut hinterlassen. Ich drehe dich einfach um und mache an deinen Brüsten und deinem Bauch weiter. Ab und zu halte ich inne, um eins deiner Löcher zu benutzen. Deinen Mund. Deine tropfende Möse. Deinen engen, empfindlichen Arsch. Ich fülle dich mit meinem Sperma, und dann peitsche ich dich weiter aus.«

Ich stieß meine Finger in meine Möse. Ich stieß sie tief hinein, versuchte, mit der ganzen Hand hineinzukommen. Meine Klitoris pochte und zuckte. Tief in meinen Lenden braute sich der Orgasmus zusammen und breitete sich immer weiter aus, während seine Worte und seine Hand mich an den Abgrund trieben.

»Die Striemen werden der ganzen Welt zeigen, dass du mir gehörst. Ich fahre mit dir in meinen Lieblingsclub, führe dich nackt am Halsband durch die Menge, damit jeder die rosigen Tattoos deiner Unterwerfung bewundern kann. Hör nicht auf, es dir selbst zu machen, Mädchen. Stoß dich mit deinen Fingern. So ist es richtig.«

Ich stand kurz vor dem Gipfel, benommen vor Lust und voller Angst bei dem Gedanken, ich könnte kommen und ihn enttäuschen. Ich konzentrierte mich auf seine tiefe, hypnotische Stimme, die immer realer werdende Bilder malte.

»Jeder wird ein Stück von dir wollen. Ich zerre dich auf die Bühne und binde dich an das gepolsterte Pferd. Und nacheinander werden dich alle Herrinnen und Herren nehmen, wie sie wollen. Sie werden dich paddeln, auspeitschen, deine Klitoris einklemmen, ihre Fäuste in deine Möse treiben. Du wirst sie alle nehmen, und du wirst es lieben, nicht wahr, meine kleine Nutte?«

Seine Finger glitten in die Ritze zwischen meinen Arschbacken. Ich hielt den Atem an. Ich konnte mich nicht bewegen, nicht antworten.

»Und am Ende der Nacht, wenn du geschlagen und bis zur Erschöpfung gefickt worden bist, dann stelle ich mich hinter dich, packe dich an den Hüften und ramme meinen Schwanz in deinen Arsch. Und dann lasse ich dich kommen. Ich pumpe in deinen Arsch hinein, und wir kommen zusammen, Herr und Sklave.

Komm jetzt, Cassie. Komm jetzt!«

Er stieß seinen Finger tief in mein Arschloch. Ein Finger nur, ich wusste, es war nur ein Finger, aber ich spürte seinen dicken Schwanz, den Schmerz, gedehnt zu werden, die schmutzige Freude darüber, gefüllt zu sein, die Zuckungen, als er sich in meinen Darm entleerte. Ich war bei ihm in diesem Club, den er so lebhaft geschildert hatte, zuckte und wand mich, als ich kam, aufgespießt auf den Schwanz meines Herrn.

Lustvolle Wellen überwältigten mich. Ich sank auf die Knie, das Gesicht auf den Stuhlsitz gepresst. Immer weiter ging mein Orgasmus, breitete sich von meinem Geschlecht in meinem ganzen Körper aus, bis ich schlaff und erschöpft war.

Die Stille ließ mich aufhorchen. Steifbeinig stand ich auf und wandte mich zu Dr. Carver. Er lag mit geschlossenen Augen in den Kissen, seine silbergrauen Haare klebten feucht an der Stirn. Er atmete so flach, dass die Bettdecke sich kaum hob.

Oh, mein Gott! Was hatte ich getan? Wenn er jetzt nun noch einen Schlaganfall erlitten hatte? Ich ergriff sein Handgelenk. Sein Puls war leicht erhöht. Im Stillen verfluchte ich mich und mein unnatürliches Verlangen. Ich würde sicherlich meine Lizenz verlieren, aber das spielte jetzt keine Rolle. Meine einzige Sorge galt meinem Herrn.

»Meister?«, flüsterte ich. Ich packte ihn an der Schulter. »Sir? Bitte, wachen Sie auf, Sir. Es tut mir so leid, Sir …«

Seine blauen Augen öffneten sich. Er lächelte mich an. »Es braucht dir nicht leidzutun. Mir geht es gut, Cassie.« Er legte seine Hand auf meine und streichelte mit einer Fingerspitze mein Handgelenk. »Besser als seit Monaten.« Wärme durchflutete mich, als seine Stimme kräftiger wurde. »Und jetzt zieh dich wieder an. Dann kannst du mir helfen, mich zu säubern.«

Er wies auf den größer werdenden feuchten Fleck auf der Bettdecke. »Im Moment würde ich unser kleines Arrangement lieber noch geheim halten.«

»Ja, Sir.« Was würde die Tagschicht wohl denken, wenn sie den Geruch nach Sex im Zimmer bemerkte? Ich legte meinen Büstenhalter an und griff nach meinem Höschen, das zerknüllt auf der Decke lag. Dr. Carver nahm es in die Hand.

»Ich glaube, das behalte ich«, sagte er und stopfte es unter das Kopfkissen.

»Wie Sie wollen, Sir.«

»Und von jetzt an, Cassie, möchte ich, dass du ohne Unterwäsche zur Arbeit kommst. Es macht alles ein wenig leichter. Keinen Büstenhalter, kein Höschen. Und trag einen Rock, nicht diese albernen Hosen.«

»Aber, Sir …«

»Willst du mir widersprechen, Sklavin?« Sein Grinsen strafte seinen strengen Tonfall Lügen.

Ich spürte, wie die Feuchtigkeit im Schritt meiner Hose sich sammelte. »Nein, natürlich nicht, Sir. Aber ich weiß nicht, ob diese Art von … von Aktivität gut für einen Mann in Ihrer Verfassung ist.«

»Im Gegenteil. Alles, was mich motiviert, die endlosen Stunden Physiotherapie durchzustehen, ist gut.« Er lächelte mich liebevoll an. »Ich bin entschlossen, wieder so weit zu kommen, dass ich dich so auspeitschen kann, wie du es verdient hast. Das würde dir gefallen, oder?«

Erstaunt und entzückt schlang ich die Arme um mich. »Wenn es Ihnen gefällt, Sir, dann werde ich es auch sehr mögen.«

Sonntag im Arbeitszimmer

Justine Elyot

Ich weiß nie, wie lange er mich warten lässt.

Nie weniger als fünf Minuten, für gewöhnlich zwischen zehn und zwanzig, und einmal hat er mich sogar über eine Stunde da stehen lassen.

Er nennt das Reflexionszeit. Ich muss sie damit verbringen, den Kummer der vergangenen Woche oder die verpassten Gelegenheiten zu überdenken und mir zu überlegen, wie ich sie wiedergutmachen will. Das ist die Theorie, aber in der Praxis führen diese Minuten zu anderen Spekulationen. Wie viele? Wie lang? Was wird er benutzen? Werde ich anschließend beim Sonntagsessen sitzen können?

Später denke ich erneut nach, aber dieses Mal stehe ich in einer Ecke, die Hände verschränkt über meinem nackten, pochenden Hintern. Das nennt sich Erholungszeit und dauert für gewöhnlich eine halbe Stunde, lange genug, um Tränen zu trocknen und Absolution für Sünden zu erlangen, bevor wir in die letzte Phase eintreten: Verzeihung und Wiedervereinigung.

Sie haben sicher schon bemerkt, dass Sinclair und ich Rituale lieben. Was uns zusammenhält, ist mehr als unsere kleinen Perversionen, mehr als unsere gegenseitige Attraktion und das übliche romantische Drum und Dran. Wir brauchen es, hauptsächlich, dass ein Sonntag wie der andere verläuft, auch wenn manche Elemente variieren können. Es ist mein Bedürfnis nach Korrektur und sein Verlangen nach Kontrolle. Als Kind habe ich die Sonntage in der Kirche verbracht, und er war der Kapitän des Krickett-Teams der Schule. Als Erwachsene haben wir diese Rituale gegen ihre perversen Gegenstücke ausgetauscht. Er dominiert, wie er das auch in seiner Sportmannschaft getan hat, und ich unterwerfe mich ihm, wie ich mich früher Gott unterworfen habe. Aber dabei gibt es nichts Unvorhergesehenes, nichts Unbekanntes, nichts zu befürchten. Das macht alles umso befriedigender.

Tick ... *Vielleicht den Gurt* ... tack ... *Ich hoffe, nicht den Stock* ... tick ... *aber andererseits* ... tack ... *mag ich den Stock* ... tick ... *ich muss wahnsinnig sein* ... tack.

Die Tür geht auf.

Ich kenne den Ablauf. Ich nehme die Hände von meinem Kopf und schlage die Augen nieder, mein Blick gleitet über das vertraute Muster des persischen Läufers, durch die Tür und über die auf Hochglanz polierten Eichendielen. Meine Füße folgen dem Blick, bis sie an seinem Schreibtisch zum Stehen kommen.

Ich liebe seinen Schreibtisch. Er ist so antik, dass er sogar ein Tintenfass hat. Wenn ich mich vornüberbeuge, kann ich mein Gesicht in der Platte gespiegelt sehen, obwohl ich lieber die Augen zukneife, als meine verzerrten

Gesichtszüge zu sehen. Er fordert mich eher selten auf, sie offen zu lassen – wie zum Beispiel an dem Tag, als er seine Domina-Freundin eingeladen hat, damit sie zuschauen und sich Notizen machen konnte. Ich musste ihr während der vierundzwanzig Hiebe mit dem Riemen in die Augen schauen, eine fast unmögliche Aufgabe, die ich allerdings zu meinem Stolz zur Zufriedenheit beider bewältigt habe.

Er geht immer langsam und gemessenen Schrittes von der Tür zum Schreibtisch. Dort bleibt er stehen und blickt mich mit seinem eher kummervollen Gesichtsausdruck an.

»Nun, Beth, hier sind wir wieder«, sagt er. »Ich frage mich ernsthaft, ob es wohl eines Tages einmal einen Sonntagmorgen geben wird, an dem wir dich nicht wegen der Unvollkommenheit bestrafen müssen, mit der du deine Aufgaben erledigst.« Wir wissen beide, dass dieser Tag nie kommen wird. »Keine Antwort, hmm? Nun, auch mir kommt dieser Tag sehr fern vor. Nun denn.«

Er setzt sich und schlägt ein dickes ledergebundenes Buch auf. So dick es ist, nach zwei Jahren ist es bereits zur Hälfte gefüllt mit meinen Verbrechen und den dazugehörigen Strafen. Er geht zu der leeren Seite, die mit einem Lesezeichen gekennzeichnet ist.

Leer bleibt sie indes nicht lange, denn er nimmt einen schlanken Füller zur Hand, taucht ihn in das Tintenfass und beginnt leise murmelnd zu schreiben.

»Sonntag, achtzehnter Juni«, sagt er, dann hält er inne und blickt mich an. »Was meinst du, was soll ich schreiben? Hast du eine Idee?«

Darauf antworte ich zuerst nie. Obwohl die Regeln unseres Vertrags vollkommen klar sind, ist mein Kopf von dem Augenblick an, wo ich das Arbeitszimmer betrete, völlig leer, und er füllt sich erst viel später wieder. Irgendwo hinter meiner bebenden Erwartung und meinen Überlebenstechniken bin ich mir bewusst, dass ich eine Zigarette geraucht oder den Fernseher auf Stand-by gelassen habe, aber das ist mir alles viel zu fern.

»Ich … ich kann nicht denken, Sir«, gestehe ich.

»Ach komm, Beth – du warst doch diejenige, die immer zur Beichte gerannt ist. Hat dein Gedächtnis dich damals auch im Stich gelassen?«

»Nein. Aber fünf Ave-Maria …« Ich breche errötend ab.

»Das ist etwas anderes als sechs Schläge mit dem Stock. Ja, das verstehe ich.«

Oh Gott, nicht der Stock. Aber ich mag den Stock. Nein, er tut weh!

Er sieht das Flackern in meinen Augen und lächelt sadistisch.

»Nun gut, dann führe ich die Punkte auf.« Mit dem Füller beginnt er meine Vergehen für die Ewigkeit festzuhalten. »Am Montag hast du das Haus verlassen, ohne dein Handy aufzuladen, so dass du drei Stunden lang nicht erreichbar warst. Am Mittwoch hast du nur drei deiner täglichen fünf Portionen Obst und Gemüse gegessen. Gestern warst du nicht schwimmen …«

Er blickt mich scharf an. Ich hatte keine Ahnung, dass er das wusste, und schreie leise auf. »Ich …« Aber ich kann nicht lügen. »Oh«, fahre ich fort. »Ich bin stattdessen einkaufen gegangen. Ich dachte, es sei dir egal.«

»Das ist es auch«, sagt er. »Meinetwegen kannst du einkaufen gehen. Aber es ist mir nicht egal, wenn eine deiner Freundinnen mich aus dem Schwimmbad anruft und fragt, warum du nicht zum vereinbarten Treffen gekommen bist, und ich kann ihr darauf keine Antwort geben. Du kennst unsere Regeln. Dazu gehört unbedingte Aufrichtigkeit. Und wenn du wirklich geglaubt hast, es sei mir egal, warum hast du es mir dann nicht gesagt?«

Schwierige Frage. *Weil ich erwischt werden wollte,* geht mir durch den Kopf, aber diese Art von Aufrichtigkeit erlauben die Regeln nicht.

»Ich habe nicht daran gedacht«, sage ich schließlich.

»Ich habe nicht daran gedacht, *Sir*«, korrigiert er mich. Mir werden die Knie weich, und Feuchtigkeit sammelt sich in meiner Möse. Ich wiederhole den Satz.

»Gedankenlosigkeit können wir wohl mit Respektlosigkeit gleichsetzen, Beth.«

Ich beiße mir auf die Lippen. Respektlosigkeit bedeutet immer den Stock.

Er schreibt meine Strafe auf, unterschreibt schwungvoll und schiebt mir das Buch zu.

»Lies es«, befiehlt er.

»*Zehn Schläge mit dem Riemen Nummer zwei für allgemeinen Ungehorsam, gefolgt von sechs Hieben mit dem Stock.*« Es fällt mir nie leicht, es auszusprechen; mir kommt es so vor, als ob meine Stimme dabei errötet. Manchmal lässt er mich die Worte auch wiederholen, aber heute nicht, was ich als kleine Erleichterung empfinde. Ich unterschreibe ebenfalls, und meine Unterschrift wirkt klein und krakelig neben seiner eleganten Schrift.

»Gut«, sagt er und öffnet die Schublade des Schmerzes. »Dann wollen wir weitermachen. Über den Schreibtisch, bitte, Beth.«

Ich lege vorsichtig den Oberkörper auf den Schreibtisch und umklammere die hintere Kante, während er aus der Schublade eine Ansammlung hässlicher Geräte aus Holz und Leder holt. Der Riemen ist aus braunem Leder, nicht der dickste und auch nicht der steifste, aber trotzdem in der Lage, beträchtliche Schmerzen zuzufügen. Zehn Schläge damit werden meinen Hintern zur Vorbereitung auf den Stock ausreichend röten und wärmen.

Sinclair legt den Riemen auf den Schreibtisch, steht auf und tritt hinter mich. Ich trage den leichten Rock und das reinweiße Höschen, das er verlangt hat. Er lässt seine Hand über mein hochgerecktes Hinterteil gleiten, reibt über die dünne Baumwolle und versetzt mir zwei kräftige Klapse auf die Pobacken.

»Wann wirst du endlich lernen, Beth«, fragt er und zieht mir den Rock bis zur Taille hoch, so dass nur noch das dünne Höschen mir Schutz bietet, »dass ich Disziplin sehr ernst nehme. Hmm?«

Ich jaule auf, als weitere Schläge auf mein Hinterteil niederprasseln.

»Nachdem du zwei Jahre lang jeden Sonntag über den Schreibtisch gebeugt verbracht hast, müsstest du es doch eigentlich begriffen haben«, sagt er und zieht das Höschen herunter. »Und doch stehe ich schon wieder hier und habe die Pflicht, dich zu bestrafen.« Er seufzt ein wenig zu theatralisch, und ich muss ein Kichern unterdrücken. Manchmal trägt er ein wenig zu dick auf.

Allerdings bin ich bald damit beschäftigt, meine Muskeln zusammenzukneifen, als er mit seiner festen Hand meinen nackten Hintern bearbeitet. Unter meinen Grunzlauten beschlägt die polierte Schreibtischplatte, so dass meine Nasenspitze feucht wird. Mit den Fingern umklammere ich die Kante, muss aber gleichzeitig darauf achten, keine Kratzer zu hinterlassen. Und ich habe gelernt, mich auf das zu konzentrieren, was Sinclair als *angebrachtes Verhalten* bezeichnet.

Kein Fluchen. Keine üblen Schimpfwörter. Kein Treten und keine schützenden Hände vor dem Hintern. Flehen und Betteln kann ich, aber nur wenn ich mein Sicherheitswort sage, hört er auf.

Zuerst kann ich das alles noch gut bewältigen, aber als der Riemen zum Einsatz kommt, muss ich mich auf meine Atmung konzentrieren. Nach zwei oder drei Hieben kommen unweigerlich immer dieselben panischen Gedanken: *Warum tue ich das? Warum mag ich das?* Aber eigentlich weiß ich die Antwort, und deshalb halte ich stoisch meinen Hintern hin.

Der Riemen ist steif genug, um bis auf den Muskel durchzudringen, zugleich aber auch flexibel genug, um einen roten, schmerzenden Striemen zu hinterlassen. Ich weiß, warum das so ist – ich öle ihn selbst einmal die Woche ein. Jeden Samstagmorgen nehme ich eine

Sprühflasche mit einem Teil weißem Essig und drei Teilen Leinöl und pflege damit Sinclairs Riemen, Peitschen und Paddel. Ich sprühe die Mischung auf und massiere sie mit einem weichen Mikrofasertuch ein. Die Stöcke tauche ich in einen Eimer mit Wasser, um sie biegsam für Sirs Zwecke zu erhalten.

Diese Woche scheine ich meine Aufgabe mit bewundernswerter Effizienz erledigt zu haben – die Schläge mit dem Riemen werden langsamer, und nach dem zehnten entspanne ich mich. Ich zucke auf der Schreibtischplatte wie ein Fisch auf dem Trockenen und stöhne meine Erleichterung heraus.

Seine Fingerspitzen gleiten über mein heißes Fleisch und prüfen die Temperatur.

»Hübsch aufgewärmt«, stellt er fest. Ein Finger wandert tiefer, zwischen meine geschwollenen, feuchten Falten. »Hmm«, sagt er, wie immer. »Hast du die Lektion noch nicht gelernt, Beth?«

»Oh doch, Sir«, erwidere ich und versuche, den Finger einzusaugen.

»Dann, warum bist du dann ... so ... nass? Oh nein, ich glaube, wir sind noch nicht am Ende angelangt.«

Ah, wie grausam er seinen Finger wegzieht. Er tritt um den Schreibtisch herum und lässt ihn von mir sauberlecken.

»Steh auf, Beth, und hol mir einen Stock. Einen schönen dünnen, bitte.«

Ich hole den Stock: ein einfacher Akt, und doch darf ich ihn nicht gedankenlos ausführen, weil er ein Zeichen meiner Unterwerfung ist. Ich gehe zu dem Schirmständer, in dem sich die Stöcke befinden. Wie verlangt wähle ich einen dünnen aus und stelle mir vor, welchen Abdruck er auf meinem Körper hinterlässt. Obwohl ich weiß, was mich erwartet, kehre ich ruhigen Schrittes zu Sinclair zurück und reiche ihm den Stock.

»Eine gute Wahl«, sagt er, ergreift ihn und biegt ihn prüfend. »Dieser hinterlässt exquisite Striemen.« Er fasst ihn mit beiden Händen und hält ihn mir dicht vors Gesicht. »Küss den Stock, Beth.«

Ich streife mit meinen Lippen das Rattan. Jetzt muss ich die Worte sagen. Die schwierigsten Worte.

»Bitte bestraf mich, wie ich es verdient habe, Sir.« Beinahe stolpere ich über das Wort *bestrafen.* Manchmal fordert er mich auf, lauter zu sprechen oder es deutlicher auszusprechen. Heute ist so ein Tag.

»Bitte ... was?«, fragt er und legt den Kopf schräg.

Ich beiße mir auf die Lippen. »Bestraf mich«, murmele ich.

»Dich bestrafen? Möchtest du das denn?«

»Ja, Sir.«

»Gut. Ich beabsichtige nämlich, dich zu bestrafen, Beth. Und nun leg dich wieder über den Schreibtisch, bitte.«

Wie immer frage ich mich, ob ich wahnsinnig bin, aber ich lege mich gehorsam wieder hin. Ich glühe immer noch von seiner Hand und dem Riemen und wünsche mir, ich könnte meinen Hintern im Spiegel sehen. Ich bedauere ständig, dass ich nicht zuschauen kann, wie meine Haut sich rötet und dieses grausame, aber schöne Muster annimmt, das Sinclair erschafft. Vielleicht kann ich ihn ja dazu überreden, uns eines Tages einmal zu filmen. Bis dahin …

Ich muss mich eben mit den Lauten, mit dem Zittern und der Erregung, die sich aufbaut, zufriedengeben. Der Stock pfeift durch die Luft und landet auf der breitesten Stelle meines Hinterteils. Ich bin nie darauf vorbereitet. Ich weiß, es ist schmerzhaft und hassenswert, aber ich weiß, dass es sich lohnt. Nach einem oder zwei Tagen hören die Striemen auf wehzutun, und dann will ich alles wieder von vorn haben.

Der Schlag kommt schneller, als ich erwartet habe; er trifft mich unvorbereitet, und ich schreie, bäume mich auf und lasse den Schreibtisch los. Meine Hände vergessen beinahe die Regel und gleiten nach hinten zu meinem verletzlichen Hintern – ein Vergehen, das mir zumindest zwei weitere Schläge einbringen würde –, aber ich nehme gerade noch rechtzeitig meine Position wieder ein.

»Sag bloß nicht, dass du nicht damit gerechnet hast«, meint Sinclair amüsiert. »Hast du dir auf die Zunge gebissen?«

»Nein, Sir. Eins, Sir.« Das Zählen ist ein wesentlicher Bestandteil der Züchtigung, damit ich wach bleibe und nicht an einen sicheren Ort abdriften kann. Der nächste Schlag wird knapp über oder unter dem ersten Schlag landen. Ich schließe die Augen und stelle mir vor, wie das Fleisch erst weiß und dann rot wird. Irgendwie hilft das.

Bei jedem Schlag überlege ich, ob ich mein Sicherheitswort sagen soll, aber ich tu es dann doch nicht.

Obwohl wir dies hier jeden Sonntag machen, ist Sinclair sich immer meiner jeweiligen Gemütsverfassung bewusst. Wenn ich der vollen Wucht der Bestrafung nicht gewachsen bin, dann macht er etwas anderes, legt mich zum Beispiel übers Knie und lässt seine Bestrafung sanfter ausfallen. Wenn ich den Stock nicht aushalten könnte, läge ich nicht über dem Schreibtisch, mit brennendem Hinterteil, und würde auf mehr warten.

Wie immer zerbreche ich beinahe unter der Wucht des sechsten Schlages. Mir werden die Knie weich, und die polierte Schreibtischplatte erstickt meinen Schrei. Der Schlag brennt unten an meinem Hintern. Die Hitze strahlt bis in die Oberschenkel aus, und ich werde ihn mindestens ein bis zwei Tage lang spüren.

»Sechs, Sir.« Ah, ich möchte so sehr reiben, berühren, die Hitze fühlen, aber das darf ich nicht, und da ich auch nicht will, dass es zu schnell vorbei ist, bin ich gehorsam und bleibe in meiner gebückten Haltung, bis er mir erlaubt, mich aufzurichten.

»Gut«, sagt Sinclair. »Ich nehme jetzt deinen Dank entgegen, Beth.«

Ich erhebe mich, streiche mir eine Haarsträhne aus der Stirn und drehe mich zu ihm herum, als mein Atem wieder normal geht. Sein Gesichtsausdruck danach ist besonders süß, obwohl ich auch gerne einmal sein Gesicht sehen würde, wenn er mich züchtigt. Er sieht immer noch streng aus, aber die Anstrengung hat ihn erhitzt, und seine Haare sind ein wenig zerzaust.

Ich blicke ihm in die Augen und sage: »Danke, Sir, dass Sie mir gegeben haben, was ich brauche und verdient habe.« Ich habe es so oft gesagt, dass die Worte mir geläufig über die Zunge kommen, aber ich darf sie nicht achtlos sagen. Das würde er nicht erlauben.

»Bitte sehr.« Er nimmt mich am Ellbogen und führt mich zu dem großen Spiegel an der hinteren Wand, um mir den Anblick zu zeigen, den er in der nächsten halben Stunde genießen will – rote Striemen auf rosiger, geschwollener Haut. Dann steckt er meine Bluse fest in den Rockbund und lässt mich, mit dem Höschen um die Knie, in die Ecke treten.

Dort stehe ich eine halbe Stunde lang, halte den Stock hinter dem Rücken zur Erinnerung, spüre, wie die Wärme sich im ganzen Körper ausbreitet, bis hin zu meinen knallharten Nippeln und in meiner tropfenden Möse. Ich will ihn jetzt, begehre ihn, aber er sitzt am Schreibtisch, raschelt mit der Zeitung, erledigt Telefonanrufe und schaut mir zu, wie ich für ihn brenne. Das ist wahre Grausamkeit.

Wenn die Uhr mich erlöst, verändert sich die Stimmung. Es gibt Küsse und Berührungen, Saugen und Lutschen, und schließlich muss ich mich noch einmal vornüberbeugen, begleitet vom Spreizen der Beine und Schamlippen oder sogar der Arschbacken. Es gibt eine Vereinigung, eine Rückkehr zu zärtlicher Zuneigung, und alles ist wieder gut.

Aber danach, beim Sonntagsessen, sitze ich ganz vorsichtig auf der Stuhlkante und wünsche, ich könnte um ein Kissen bitten, ohne unerwünschte Aufmerksamkeit zu erregen. Ich werde die geschwollenen Striemen spüren, wenn ich bade oder dusche, wenn ich mein Höschen anziehe, wenn ich im Bett liege, wenn ich zur Arbeit fahre, wenn ich in Jeans oder einem engen Rock gehe. Und wenn ich sie nicht mehr spüre, werde ich an nächsten Sonntag denken und was mich dann wohl erwartet.

Spaziergang mit dem Sub

Salome Wilde

Was könnte schöner sein an einem warmen, sonnigen Tag, als von deinem Herrn in den Park ausgeführt zu werden? Er war in großzügiger Stimmung eines schönen Maimorgens, nachdem er mich am Abend zuvor durch eine besonders strapaziöse Sitzung geführt hatte (mit den Handschellen und dem schwarzen Ledergürtel, den ich kennen und lieben gelernt habe). Ich hatte den Tag frei, und er hatte sich auch freigenommen. Er stellte mich in die Dusche und seifte mich ein, schmeckte meine süße, saubere Muschi, dann trocknete er mich ab, bürstete meine seidigen schwarzen Haare und band sie zu einem Pferdeschwanz zusammen. Dabei machte er ein ernstes, konzentriertes Gesicht, als ob er seinen Job besonders gut machen müsste. Und wie immer schmolz ich beim Anblick seiner blauen Augen dahin.

Er ließ sich von mir ankleiden, in Boxershorts, eine gut sitzende Jeans, ein enges weißes T-Shirt, Socken und Sportschuhe. Ich wartete darauf, dass er auch für mich Kleider aussuchte, aber er zog mich nur lächelnd aus dem Raum und legte mir das hellblaue Lederhalsband mit der Leine um und zog mir bequeme Laufsandalen an. Dann hängte er mir sein viel zu großes Hemd um die Schultern. Er half mir, mit den Armen hineinzuschlüpfen, rollte die Ärmel auf und machte ein paar Knöpfe zu. Ich spürte seine Erregung, als er sagte: »Du warst in der letzten Zeit so brav, ich habe eine kleine Belohnung für uns geplant.«

Ich möchte am liebsten einen Blick auf seine Jeans werfen, um zu sehen, wie gut seine »Belohnung« sein wird. Die Härte seines Schwanzes ist immer ein zuverlässiger Gradmesser. Aber das gehörte nicht zum Spiel. Ich musste ihn unverwandt anblicken, und das war nicht schwer. Seine weißen Zähne blitzten, als er mich angrinste. Sanft zupfte er an meinen Nippeln und beobachtete, wie mein Blick sich verschleierte. Als er fester zog, stöhnte ich. Er hörte auf.

»Braves Mädchen. Und jetzt komm.« Er zog mich an der Leine hinter sich her. Wie hätte ich meinem süßen, sexy Herrn nicht folgen sollen? Aber er musste trotzdem ein leichtes Zögern bei mir gespürt haben, schließlich gingen wir zur Tür, und ich hatte nur ein dünnes Hemd an, das mehr von mir zeigte, als es verbarg. Er drehte sich zu mir um. »Vertrau mir, Schätzchen.«

Ich lächelte ihn an.

»Und gehorch mir.« Er schlug mir fest auf den Hintern und wandte sich erneut zum Gehen. Ich schluckte und folgte ihm. Wir gingen durch die Hintertür zur Garage. Er blieb stehen und zeigte auf die Zeitung, die in der Einfahrt lag. Ein Auto fuhr vorbei. Da ich in besonders gehorsamer und verspielter Laune war, beugte ich mich komplett vor, so dass das Hemd hochrutschte und meinen süßen kleinen Arsch entblößte. Er fluchte leise. Er liebte meinen Arsch. Er trat hinter mich, packte mich an den Hüften und rieb den groben Denim seiner Jeans an mir, damit ich fühlen konnte, wie hart er für mich war. Ich fragte mich, ob meine Säfte wohl seinen Schritt durchnässten. Leise stöhnend umfasste ich meine Knöchel. Er schob einen Finger in mich hinein und pumpte langsam. Ich wusste, was jetzt kam, und hielt den Atem an. Er zog ihn aus meiner Möse heraus und steckte ihn mir fest in den Arsch. Ich keuchte, und er lächelte bestimmt. Ich versuchte immer, nicht zu keuchen, das gehörte zu meinem Training, aber ich beherrschte meinen Atem in solchen Momenten einfach nicht. Er lachte leise. »Es ist schon okay, Schätzchen. Ich mag es, wenn meine Berührung dich erregt.« Er schob seinen Finger tiefer hinein und begann mich zu stoßen. »Mehr?«

Ich nickte, und er drückte einen weiteren Finger hinein. Ich war eng, vor allem in dieser Position. Und ich war nervös, schließlich konnte jederzeit ein Auto vorbeikommen. Es war zwar eine ruhige Straße, und man konnte nicht so deutlich erkennen, was er machte, aber trotzdem war mein Arsch nackt und hochgereckt. Seine Finger in mir waren eine besonders starke Kombination von Schmerz und Lust, und ich schwankte zwischen Nervosität, Unbehagen und Freude.

»Du hättest es sicher gerne, wenn ich jetzt meinen Schwanz herausholen und dich auf der Stelle ficken würde, was, meine kleine Schlampe?«, fragte er, während er mich mit den Fingern stieß. »Ich kann sehen, wie nass du bist, Schätzchen. So hungrig nach dem dicken, harten Schwanz deines Herrn.« Ich wimmerte und bog mich seinen Fingern entgegen. »Ja, genau so, du Schlampe. Nimm sie tiefer auf.« Immer grober schob er sie mir hinein. »Ich liebe dein festes Arschloch, Schlampe«, stöhnte er. »Ich könnte dich den ganzen Tag ficken.«

Ich murmelte: »Ja ... ja ... fick mich.« Plötzlich hörte er auf. Zweifellos deshalb, weil er gemerkt hatte, dass ich Lust empfand. Keuchend blieb ich vornübergebeugt stehen, seine Hand auf meinem Rücken.

»Meine Zeitung, Schätzchen«, sagte er ruhig.

Ich öffnete die Augen und blickte auf die Zeitung in ihrer Plastikhülle. Um ihm eine besondere Freude zu machen, stützte ich mich mit den Ellbogen auf und reckte mich weiter vor, damit er einen noch besseren Blick auf meinen Arsch und meine nasse Muschi hatte. Ich packte die Zeitung mit den Zähnen, hockte mich dann auf die Hacken und blickte meinen Herrn mit der Zeitung im Mund erwartungsvoll an. Er wuschelte mir durch die Haare und lächelte fröhlich. »Braves Mädchen«, lachte er. »Gehorsam und begabt.« Ein Auto rauschte vorbei, und ich war froh, dass ich wieder einigermaßen züchtig bedeckt war.

Er zog mich hoch und ging mit mir zur Garage. »Machst du mit deinem braven Hündchen eine Spazierfahrt, Sir?«, fragte ich lächelnd.

Er zog fest an der Leine, bis mein Gesicht dicht vor seinem war. Jetzt lächelte er nicht mehr. »Ich tue mit dir, was ich will. Und du stellst mir keine Fragen. Hast du verstanden, Mädchen?«

»Ich verstehe, Sir«, sagte ich mit der gleichmütigen

Stimme, die in solchen Situationen von mir erwartet wurde. Pflichtbewusst schaute ich ihn an. So viel zum Spiel.

Aber sein Blick wurde weicher, weil ich so gehorsam war. Er überraschte mich jedoch sofort wieder, als er mich hinten einsteigen ließ. Ich machte es mir auf dem Rücksitz bequem und schaute ihn erwartungsvoll an. »Leg dich hin wie ein braves Hündchen«, sagte er mit fester Stimme. Dann befestigte er meine Leine am Haken, an dem man Kleider ans Fenster hängen konnte. Offensichtlich ging es nicht um körperliche, sondern um psychische Unterwerfung, denn ich konnte die Leine ohne Schwierigkeiten lösen.

»Leck mich, Mädchen«, sagte er und hielt mir seinen Handrücken hin. »Braves Mädchen. Du liebst deinen Herrn, nicht wahr?« Er wuschelte mir durch die Haare. »Und jetzt gib mir einen Kuss, Süße«, gurrte er und hielt mir sein Gesicht hin. Ich presste meinen leicht geöffneten Mund auf seinen. Er wich sofort zurück und schlug mir fest auf den Oberschenkel. »Böses Mädchen!«, fuhr er mich an. »Doch nicht mit deiner Schnauze auf meinen Mund.« Ich verstand und nickte. Mein Oberschenkel schmerzte, und seine fünf Finger zeichneten sich dort ab. Ich steckte die Hände zwischen die Knie, hob den Kopf und streckte die Zunge heraus. »Ja, Tierchen«, knurrte er und hielt mir seine Wange hin. Ich leckte zweimal daran. Lächelnd streichelte er mir über den Rücken. »So ist es brav, mein gutes Mädchen.« Er wich zurück und schloss die Tür.

Und ich wurde, wie der Familienhund, auf eine Fahrt mitgenommen.

Rasch fuhren wir aus der Stadt aufs Land. Er ließ mein Fenster halb herunter, ich streckte den Kopf heraus und ließ mir den Wind um die Nase wehen. Er blickte in den Rückspiegel und grinste. »Wo ist mein braves Mädchen?«, gurrte er. Ich antwortete mit leisem Winseln. Sein Grinsen wurde noch breiter. Dieses Hündchen wusste, wie es seinem Herrn gefiel. Aber ich machte meine Sache noch besser, als ein roter Pick-up mit einem untersetzten bärtigen Kerl am Steuer neben uns fuhr. Ich lächelte ihn fröhlich an und zeigte ein wenig von meinen Titten. Gleich fuhr er langsamer, um mehr zu sehen. Er hatte einen Hund hinten im Auto, und ich bellte ihn an. Der Hund wirkte noch verwirrter als der Mann, bellte aber zurück, und bald bellten wir ein wildes Duett. Mein entzückter Herr drehte sich nach mir um und rief lachend: »Platz, Mädchen! Hör auf! Böses, böses Mädchen!« Aber ich machte immer weiter, und da der Hund hinten im Wagen auf und ab lief, versuchte ich, auf der Rückbank das Gleiche zu tun. Als mein begeisterter Besitzer den Kopf schüttelte und lachte, gab der Fahrer des Pick-ups Gas und fuhr weiter – offensichtlich wollte er von der »verrückten Frau« wegkommen.

Berauscht von meiner eigenen Vorstellung, stützte ich mich mit den »Pfoten« auf und leckte über die Hand, die auf der Rückenlehne des Beifahrersitzes lag. Ohne sich umzudrehen, streichelte er mir über die Haare. Im Rückspiegel sah ich, dass er immer noch grinste. »So ein braves Tierchen«, murmelte er. »Dann wollen wir doch mal sehen, wie wir so ein braves kleines Hündchen belohnen können.« Er setzte den Blinker, und wir bogen von der Hauptstraße ab in Richtung Mona Park, einem kleinen Park mit einem See mit Bootsanlegestelle. Als wir dort hielten, drehte er sich um und umfasste mein Gesicht mit beiden Händen. Mein Mund öffnete sich. »Du wirst es lieben, Baby«, hauchte er dicht vor meinem Mund. Ich wartete auf den Kuss, nach dem ich mich so sehnte, aber er küsste mich nicht. Bevor er den Kopf wegziehen konnte, leckte ich ihn über die Wange. »Feuchtes kleines Biest!«, sagte er grinsend. Ich spürte, wie die Nässe an meinen Schenkeln heruntertropfte.

Der Park war so gut wie verlassen, und dafür war ich dankbar, weil mein Herr die Tür öffnete und mich herausführte. Aufrecht und immer noch angeleint stand ich da. Ich merkte, wie meine Wangen heiß wurden, als Wind aufkam, die Hemdschöße hochflatterten und meine Muschi entblößten. Lustvoll beobachtete er, wie ich rot wurde. Dann fuhr er mit den Fingern über das kleine rasierte Dreieck über meinen Schamlippen. Er liebte das gestutzte Haarbüschel, weil er damit spielen und daran zupfen konnte. Rasch ließ er einen Finger zwischen meine Schamlippen gleiten. Als ich keuchte, zog er ihn wieder heraus und saugte daran. Summend lutschte er an meinem süßen Honig. Ich stöhnte leise und schloss die Augen. Er zog leicht an meiner Leine, und ich öffnete die Augen wieder. Er sah mich an, dann stieß er den Finger tief in meine Möse hinein. Bei jedem Stoß rieb er schnell über meine Klitoris. Ich war äußerst erregt und ziemlich nervös, dass uns jemand sehen könnte. Aber ich erwiderte seinen Blick. Ich stöhnte, und er hielt mir die Finger an den Mund, damit ich mich selbst schmecken konnte.

Langsam öffnete er meinen Mund. Ich liebte seinen intensiven Blick und die Konzentration, mit der er vorging. Er war beherrscht, aber ich merkte trotzdem, wie hungrig er nach mir war. »So ist es richtig, Baby«, seufzte er und drückte seine warmen, nassen Finger auf meine Zunge. Ich wusste, dass ich nicht daran saugen durfte. Zuerst musste ich bei diesem Spiel passiv bleiben und mir von ihm sagen lassen, was ich tun sollte. Außerdem war ich heute sein Hündchen, und diesen Zauber wollte ich nicht brechen. Er ließ seine Finger über meine Zunge gleiten und genoss es, dass ich stillhielt.

Plötzlich veränderte sich der Ausdruck in seinen Augen, und ich wusste, dass er jetzt aktivere Kontrolle brauchte. »Leck sie sauber, Mädchen«, sagte er sachlich. »Kümmere dich um deinen Herrn.« Ich leckte sanft und schmeckte mich warm und scharf auf seinen Fingern. »So ist es richtig.« Dann zog er an meiner Leine und ging mit mir spazieren. Ich ging einen Schritt hinter ihm, und meine Muschi wurde immer nasser, da ich wusste, dass die Lust, die mich erwartete, eine Herausforderung werden würde. Ich war froh, dass wir weit von der Stadt entfernt waren. Wenn wir hier erwischt wurden, kannte mich wahrscheinlich keiner.

Er wusste natürlich, dass ich nervös war, und zog mich in den Wald. Eine Zeit lang führte er mich schweigend einen Pfad entlang. Als er stehen blieb, blickte er sich um. Ich beugte mich vor, um seinen Hals zu lecken. »Erregt, Mädchen?«, fragte er und drehte sich zu mir um. Lächelnd leckte ich erneut. »Nun, dann komm, wir wollen es uns bequem machen.« Er führte mich zu einer Bank. Ich setzte mich neben ihn. »Böses Mädchen!«, fuhr er mich an und zerrte an der Leine. Ich hob die Hände an das Halsband. »Nimm die Hände herunter«, sagte er. »Zieh nicht am Halsband, sonst muss ich dich fesseln.« Da ich meine Hände frei haben wollte, gehorchte ich und blieb stehen, während er auf der Bank saß. Ich wartete darauf, dass er etwas sagte oder tat. Er rieb mit dem Daumen über die weiche Lederschlaufe am Ende der Leine, und ich beobachtete geduldig diese kleine Geste.

»Dreh dich um«, sagte er schließlich. Ich gehorchte. »Bück dich.« Ich blickte in beide Richtungen den Weg entlang, ob auch niemand kam, dann beugte ich mich vor und reckte meinen Arsch hoch. Er schlug mit dem Leinenende über meinen Hintern. Ich zuckte zusammen und wimmerte. Es tat weh. Er schlug erneut zu. Und noch einmal. »Das«, sagte er, »ist dafür, dass du dich umschaust, bevor du mir gehorchst. Und jetzt werde ich dich dafür bestrafen, dass du neben deinem Herrn auf der Bank sitzen wolltest statt zu meinen Füßen wie jedes brave kleine Hündchen.« Ich erschauerte. Mein Hintern rötete sich, und ich wusste, dass er es genoss. So wie ich dastand, konnte ich ihn nicht sehen, aber ich hörte, wie er aufstand und hinter mich trat. Seine Hand fuhr mit einem so lauten Klatschen auf mich nieder, dass alle Vögel erschreckt aufflogen. Es gelang mir, bei den nächsten drei Schlägen nicht zu zucken, aber mir traten die Tränen in die Augen. Er versohlte mir noch einmal mit beiden Händen den Hintern, aber ich hielt still. »Braves Mädchen«, sagte er lächelnd. »Und jetzt bring deinen armen kleinen roten Arsch zu deinem Herrn.« Immer noch in gebückter Haltung trat ich einen Schritt zurück. Ich schloss die Augen und wartete. Ich liebte diesen Teil. Er umfasste meine Hüften und leckte mit der Zunge über meine heißen Arschbacken. Drei-, vier-, fünfmal brachte seine Zunge kühle Luft auf meine heiße Haut. »Besser?«, fragte er, als er fertig war. Ich nickte. »Sehr schön, Tierchen. Und jetzt setz dich dahin, wo du hingehörst.«

Ich drehte mich um und hockte mich neben ihn. Der Boden war uneben und voller Steine und Zweige. Ich machte es mir so bequem wie möglich. Er streichelte mir über die Haare und blickte sich um. »Ein wunderschöner Tag, Mädchen. Einfach wunderschön. Wie diese Blumen duften. Es gibt nichts Schöneres, als an einem solchen Tag meinen Sub spazieren zu führen.« Er lachte. Ich lächelte und drückte mein Gesicht an seinen Schoß. »So ein braves Mädchen. Ich glaube, du verdienst eine kleine Belohnung, nicht wahr?« Ich nickte, das Gesicht immer noch an seinem Schritt. »Dann setz dich jetzt auf.« Ich gehorchte und wartete darauf, dass er mir seinen Schwanz anbot. Ich war außer mir vor Freude, als er es wirklich tat. Er öffnete seinen Reißverschluss und holte seinen steifen Schwanz heraus. Dann nahm er seine Hände weg. Ich griff nach dem Schwanz, aber er schlug meine Hand weg. »Nein!«, schimpfte er. »Du darfst den Schatz deines Herrn nicht mit deinen dreckigen kleinen Pfoten berühren.«

Ich nickte. Ich verstand. Ich beugte mich vor und leckte mit der Zunge über seinen köstlich harten Schwanz. Nach wenigen Zungenschlägen traten die ersten Lusttropfen aus, die ich gierig verschlang. Mein lieber Herr murmelte leise und streichelte wieder über meine Haare. Mit der anderen Hand hielt er locker die Leine. Ich drückte meine Nase an seine Eier, damit ich auch von unten lecken konnte. Er schob sich die Hose ein wenig weiter herunter, damit ich leichter herankam. Ich liebte es, wie sehr er meinen Mund auf sich spüren wollte. Ich leckte und schleckte und suchte mit der Zungenspitze sein Arschloch. Er stöhnte. Ich wollte diese Hose herunterziehen und griff mit einer Hand nach oben.

Sofort setzte er sich auf und packte mein Handgelenk. »Verdammt, Mädchen, hast du nicht gehört? Keine Pfoten.« Kopfschüttelnd schlang er sich die Leine ein paarmal um die Hand und zog mein Gesicht ganz dicht an seinen Schritt. »Ich muss es dir wahrscheinlich erst zeigen.« Er wickelte sich meinen Pferdeschwanz um die freie Hand und drückte meinen Kopf fest gegen seinen Schwanz. Ich nahm ihn so tief auf, wie ich konnte, wobei ich versuchte, nicht zu würgen. »Saug daran.« Die Leine hinderte mich daran, mich frei zu bewegen, und seine Hand zog an meinem Haar, um mir den Rhythmus vorzugeben. Er stöhnte, als meine Zunge um seinen Schaft wirbelte und ich ihn so leckte, wie er es gerne mochte. Feuchtigkeit sammelte sich zwischen meinen Beinen. Er kam viel schneller zum Höhepunkt, als ihm lieb war, und ich steckte all mein Verlangen und mein Begehren in die Art, wie ich seinen harten Schwanz saugte. Plötzlich riss er mich scharf von seinem Schwanz zurück und gab mir einen leidenschaftlichen Kuss. Ich spürte mein Inneres zerfließen wie glühende Lava, und meine Muschi zog sich zusammen.

Als ob er es wüsste, griff er nach mir. »Setz dich auf, Mädchen.« Ich ging auf die Knie. Er knöpfte mein Hemd auf und schob es mir von den Schultern. Die kühle Brise war himmlisch, aber ich hatte solche Angst, dass jemand vorbeikommen könnte. Allerdings ließ ich mir meine Nervosität nicht anmerken, damit er nicht aufhörte. Er bewunderte mich. Die Sonne schien durch die Bäume, Sonnenflecken tanzten auf meiner Haut. Mit sanften Fingerspitzen fuhr er darüber. »Mein süßer kleiner Dalmatiner«, sagte er und ließ vertrauensvoll meine Leine los, um meine Brüste zu liebkosen. »Süßes, süßes Mädchen«, flüsterte er. Meine Augenlider fielen zu, bis ich auf einmal einen scharfen Schmerz an meinen Nippeln verspürte. »Habe ich dir gesagt, du sollst die Augen schließen?« Ich schüttelte den Kopf und blickte ihn an. Er kniff fester, aber ich bemühte mich, nicht zu zucken. Aus meiner verräterischen Muschi floss ein dünnes Rinnsal auf die Innenseite meines rechten Oberschenkels. Ich erschauerte.

Meinem aufmerksamen Herrn entging das nicht. Er ließ meine Nippel los und stellte sich hinter mich, die Leine wieder in der Hand. Er drückte meine Beine auseinander und hockte sich ebenfalls hin. Ich seufzte, als er seinen warmen, bekleideten Körper an meinen drückte. Mit zwei Fingern fuhr er über meine nasse Spalte bis zu meinem Bein herunter, dann steckte er sie in den

Mund und saugte schmatzend daran. »Du gehörst nur mir, nicht wahr, mein süßes Baby?« Er drückte seinen Schwanz zwischen meine Beine und rieb ihn über meine Klitoris. Ich ließ den Kopf zurückfallen und stöhnte leise. »Oh, ja … süße kleine Muschi … nur mir allein. So süß …« Wenn er so redete, war er weit weg. Er begehrte mich, und er würde mich bekommen, in jeder Weise, die er wollte.

Mit einer raschen, fließenden Bewegung drang er in mich ein. Er hielt mich still und stieß mich mit kleinen kreisenden Stößen. Ich stöhnte, und hungrig grollend stieß er fester. Seine Eier klatschten gegen meine Klitoris. Ich schrie auf, und er schlug mich auf den Hintern für diesen Mangel an Kontrolle. »Still, meine unersättliche kleine Hündin«, knurrte er. Er war aufs Äußerste angespannt. Er wollte kommen, aber erst wenn er mich unterworfen hatte. Er nannte mich nie »Hündin« – aber jetzt, wo er mich wie ein Hund von hinten nahm, passte es so gut. Mein Atem kam in harten Stößen, aber ich versuchte, für ihn ruhiger zu werden. Erneut begann er mich zu reiten. Er pumpte schneller, seine Eier schlugen gegen meine Schamlippen und meine Klitoris, und seine Finger klammerten sich fest an meine Hüften. Ich begann, mich seinem Rhythmus anzupassen. »Nein, beweg dich nicht, Hündin«, herrschte er mich an. Er schob seinen Daumen neben seinen Schwanz in meine Muschi und dann, als er schön nass war, in mein Arschloch. »Nimm, was dein Herr dir gibt … spür mein Verlangen und sei … befriedigt … indem du dich meinem Willen unterwirfst.«

Ich liebte es, wenn er so geil war, dass er so redete: stammelnd, beherrscht, aber wild. Die unablässigen Stöße in meine nasse Möse und meinen engen Arsch ließen mich fast ohnmächtig werden. Dann beugte er sich über mich und packte meine Haare, fickte mich, als wären wir beide Tiere, er ein gieriges Raubtier, ich seine Beute. Wir schwitzten beide, als wir uns beide zum Höhepunkt kämpften. Jeder Stoß brachte ihn näher heran, sein Schwanz schwoll in mir an. Seine Eier schlugen einen stetigen Rhythmus auf meine Klitoris, und mit seiner Hand in meinen Haaren zog er mich über den Abgrund, bis ich rau aufschrie. Mein Körper wurde erschüttert von seinem Orgasmus, als er heiß und tief in mir kam. Meine Muskeln zogen sich zusammen und molken ihn, und als er seinen Schwanz aus mir herauszog, ergoss sich noch mehr Sperma über meine Muschi.

»Oh, süßes Baby«, murmelte er, »süße Engelsmöse.« Ich sonnte mich in seinen Worten. »Verdammt, diese Muschi macht mich wild.« Er senkte den Kopf und leckte unsere Säfte auf. Ich lächelte ihn an. Er drückte einen kurzen Kuss auf meine Lippen und fuhr mir mit der Hand über den Rücken. Aber plötzlich hielt er inne und wurde sofort wieder zum Herrn. »Oh Scheiße, Mädchen, sieh dir das an!« Seine Hand war mit Sperma bedeckt. »Mach das sofort sauber, Schätzchen.« Ich beugte mich vor und leckte die dicke Flüssigkeit ab, die an seinen Fingern klebte. Ich hasste kaltes Sperma, aber nichts würde mich davon abhalten, seinem Befehl zu gehorchen. Als er wieder sauber war, stand er auf, wischte sich die Hände an der Hose ab und zog den Reißverschluss hoch.

»So, dann komm, Mädchen, wir müssen auch dich saubermachen.« Ich erhob mich, er ergriff wieder meine Leine und wandte sich zum Gehen.

»Hey, warte«, sagte ich lachend. »Ich habe keine Kleider an.«

Er zerrte an der Leine. »Hör sofort auf, dich zu wehren. Du brauchst ein Bad, Mädchen, und du wirst eines bekommen.« Überrascht blickte ich ihn an. Er würde doch nicht …

Aber er tat es. Er ging direkt auf die Angler am See zu. Ich schüttelte den Kopf und zog an der Leine. »Böses Mädchen!« Er drehte sich um und schlug mir fest auf den Hintern. »Bei Fuß!«

Ich fühlte mich herausgefordert. Und Herausforderungen liebte ich – zumal mir keiner der Angler auch nur im Entferntesten bekannt vorkam. Also ging ich gehorsam einen Schritt hinter ihm her und lächelte die Angler strahlend an. Alle drei starrten mich mit offenem Mund an.

»Bleib, Mädchen«, sagte mein Herr und hob einen Stock vom Boden auf. Grinsend schüttelte ich den Kopf. »Na, wir müssen dich ja irgendwie ins Wasser kriegen. Und jetzt hol das Stöckchen.« Er machte meine Leine los und warf den Stock ins Wasser. Ich wartete einen Moment, um zu sehen, ob er es wirklich ernst meinte. »Na los, Mädchen«, drängte er. Ich rannte ins Wasser und schwamm dann hinaus. Das Wasser war kalt, und meine Nippel wurden hart. Ich schwamm schnell, damit mir warm wurde, packte den Stock und schob ihn mir zwischen die Zähne. Mein Herr blickte mir mit breitem

Grinsen entgegen. Die Angler murmelten leise untereinander, einer lächelte, einer schüttelte den Kopf, der dritte schwieg immer noch mit offenem Mund. Mein umsichtiger Herr hielt das Hemd hoch, als ich ans Ufer kam und klatschnass und ein wenig außer Atem auf ihn zuging. Ich ging aufrecht und tat so, als bemerkte ich die Blicke der anderen nicht. Den Stock ließ ich vor meinem Herrn zu Boden fallen. Lächelnd beugte er sich vor, um mich zu küssen. Ich trat einen Schritt zurück und schüttelte mich so heftig, dass er ganz nass wurde.

Er keuchte. Ich packte das Hemd und rannte los, bevor er mir die Leine anlegen konnte. Ich rannte zum Auto, wusste aber, dass er mich einholen würde, bevor ich einsteigen konnte. Er kam hinter mir her. »Oh, das wirst du mir büßen, Mädchen!«, drohte er lachend. Ich gelangte zuerst ans Auto, aber natürlich waren die Türen verschlossen, und er hatte die Schlüssel. Langsam kam er näher und ließ den Schlüssel von seinem Finger baumeln. »Brauchst du etwas, Schätzchen?« Sein schmutziges kleines Lächeln war vielversprechend, und die Ausbuchtung in seiner Jeans versprach sogar noch mehr. Lächelnd leckte ich mir über die Lippen, berauscht vom Verlangen herauszufinden, welche Bestrafung er mir zugedacht hatte, wenn ich erst einmal auf dem Rücksitz war.

Was sie braucht

Donna George Storey

Was ich an jenem Abend brauchte, war Pasta.

Oder vielmehr:

Mein Freund Greg brauchte Pasta. Ich sollte auf dem Heimweg bei Raffetto's vorbeifahren und frische *Linguine fini* mitbringen. Aber ich hatte einen schrecklichen Tag hinter mir und vergaß es. Okay, eigentlich habe ich es nicht vergessen, aber ich dachte mir, Mr Gourmet könnte auch mal ohne fertig verpackte Nahrung auskommen.

Ich brauche wohl gar nicht erst zu erwähnen, dass ich keine besonders gute Laune hatte, als ich nach Hause kam. Beim Anblick von Greg, der am Herd stand und in einer *puttanesca*-Sauce rührte, hob sie sich jedoch sofort. Der Duft nach gutem Olivenöl, Knoblauch und Oliven erfüllte die Küche, und mir lief das Wasser im Mund zusammen. Greg war Webdesigner und arbeitete zu Hause, was ihm viel Zeit ließ, sauberzumachen, zu kochen und mich zu verwöhnen. Ich hatte mir die ideale Frau ausgesucht – und sie besaß zudem noch einen saftigen Schwanz. Manchmal musste ich mich kneifen, weil ich mein Glück kaum glauben konnte.

Aber heute Abend war ich nur müde und verärgert.

»Heute war ein absoluter Albtraum«, begrüßte ich ihn. Ich warf meine Aktentasche auf die Bank neben der Tür und meinen Mantel darüber.

»Das ist ja schlimm, Süße. Aber jetzt kannst du entspannen. Das Essen ist fast fertig«, sagte Greg. Er küsste mich und reichte mir ein Glas Chianti. »Ich muss nur noch die Linguine kochen.«

»Ich habe sie nicht.«

Er runzelte die Stirn.

»Kannst du nicht heute Abend Nudeln aus der Schachtel kochen? Ich meine, Pasta ist schließlich Pasta.«

»Pasta ist *nicht* Pasta. Das weißt du doch.«

Ich verdrehte die Augen und nahm ein Päckchen Spaghetti aus dem Schrank. »Hier sind doch welche, die beste italienische Marke. Was für die Italiener gut genug ist, ist auch für uns gut genug.«

Greg lächelte geduldig. »Okay, ich weiß, du hattest einen harten Tag. Ich kaufe sie rasch selbst. Du kannst in der Zwischenzeit schon mit dem Salat anfangen. Wenn du etwas gegessen hast, geht es dir gleich besser.«

Er hatte Recht, aber wie gesagt, ich hatte schlechte Laune, deshalb wurde ich nur noch giftiger. »Warum muss das Abendessen immer so eine große Sache sein?«, murrte ich. »Ich habe sowieso keinen Hunger. Ich esse einfach einen Joghurt.« Ich trat an den Kühlschrank.

In diesem Moment sagte er so leise, dass ich seine Stimme kaum hören konnte: *Ich weiß, was sie braucht.*

Mein Magen machte einen Satz, und weitere fünf Sekunden vergingen, bevor ich wieder atmete.

Und zwischen den Beinen war ich klatschnass.

Ich drehte mich um und blickte Greg an. Er lächelte nicht mehr.

»Du weißt, was du brauchst, Karen, nicht wahr?«

Ich hatte einen Kloß im Hals, und ich konnte nur noch nicken.

»Ich möchte, dass du jetzt duschst. Aber vorher hängst du deinen Mantel auf. Du sollst ihn doch nicht so auf die Bank werfen.« Seine Stimme klang leise und sanft.

Und doch erreichte sie mich tief im Innern, und meine Muskeln zogen sich lustvoll zusammen. Ich fühlte mich wie berauscht. Ich ging zur Tür, ergriff mit zitternden Händen meinen Mantel, hängte ihn an die Garderobe und blickte Greg an, um seinen nächsten Befehl entgegenzunehmen.

Greg beobachtete mich mit zusammengekniffenen Augen.

»Ich spüre, dass dein Verhalten sich bereits ändert«, sagte er. »Mach dich fertig, ich bin in ein paar Minuten bei dir.«

Ich ging langsam den Flur entlang, wobei ich halb hoffte, er würde mich zurückrufen, um mich in die Arme zu nehmen.

Aber das tat er nie.

Während ich meinen Rock in den Schrank hängte und meine Bluse und meine Unterwäsche in den Wäschekorb legte, hörte ich aus der Küche Töpfe klappern und Wasser rauschen, ganz gewöhnliche Geräusche, die wie durch einen dicken Nebel hindurch zu mir drangen. Aber die gewöhnliche Welt lag weit hinter mir. Mit jedem Schritt, mit jeder Bewegung hörte ich auf zu denken und spürte nur noch den süßen, pochenden Schmerz zwischen meinen Beinen.

Bald würde ich an dem Ort sein, wo ich immer bekam, was ich brauchte.

Ich ging unter die Dusche. Greg bestand darauf, dass das Wasser so heiß war, wie ich es ertragen konnte. Ich zuckte zusammen, als ich mich unter den Armen, zwischen den Beinen und an meinem Anus einseifte. Ich hielt meine Arschbacken unter dem heißen Strahl auseinander und wusch meine Schamlippen. Das heiße Wasser brannte, aber die weichen, rosigen Falten schwollen in der Hitze an, bis mein ganzer Körper fiebrig prickelte.

Ich trocknete mich rasch ab und ergriff ein zusätzliches Handtuch vom Regal. Als ich ins Schlafzimmer trat, lag Greg bereits im Bademantel auf dem Bett und streichelte durch den Frotteestoff hindurch seine Erektion. Sein Blick flackerte, als er mich von oben bis unten musterte. Er öffnete seinen Bademantel und begann zu pumpen. Sein Schwanz richtete sich auf und wurde tiefrot.

Mein Bauch zog sich zusammen. Er sah so groß aus, und meine Möse war bereits wund. Ich war mir nicht sicher, ob ich ihn heute aufnehmen konnte. Gleichzeitig aber entzündete sich der vertraute Funke in meiner Möse.

Er würde mir das geben, was ich brauchte.

»Steh nicht da und starr auf meinen Schwanz, Karen. Du weißt doch, was als Nächstes kommt.«

Ich nickte, aber das stimmte gar nicht. Er änderte jedes Mal die Regeln. Nur das Eröffnungsritual blieb immer gleich. Ich trat ans Bett und legte das Handtuch neben ihn.

Greg hörte auf, sich zu streicheln, und verschränkte die Hände hinter seinem Kopf. Sein Penis zuckte. »Und jetzt hol die gute Tasche.«

Mittlerweile pochte es in meinem Unterleib heftig. Ich trat an die Kommode und bückte mich, um die unterste Schublade zu öffnen. Ich spürte Gregs Blick auf meiner offenen Spalte, die immer noch vom heißen Wasser brannte. Plötzlich kam es mir merkwürdig vor, dass wir die Tasche mit den Spielzeugen hinter seinen Arbeitsklamotten versteckten – als ob jemand sie finden und uns ausschimpfen könnte.

Ich zog den Toilettenbeutel heraus, der aus hübschem Baumwollstoff mit Paisleymuster gemacht war. Heute fühlte er sich irgendwie schwerer an als sonst. Manchmal kaufte Greg ein neues Geschenk – um nicht zu sagen Folterinstrument – im Sexshop an der Seventh Avenue.

Ich stellte die Tasche auf seinen Nachttisch.

»Öffne sie und lege alles auf den Tisch.«

Meine Hand zitterte, als ich in die Tasche griff. Die ersten Gegenstände waren meine ältesten Freunde: eine Flasche mit Gleitmittel und eine Großpackung Kondome.

Die nächsten Objekte kannte ich auch. Es waren Analstopfen oder, wie Greg sie nannte, »die drei Bären«. Es war ein Set aus Silikonschwänzen. Der kleinste war pink und leicht nach links geneigt. Der mittlere war rot und dicker und der dritte sechzehn Zentimeter lang und grün. Ich stellte sie der Größe nach auf, wobei ich Greg einen Blick zuwarf, um zu sehen, ob er mein Vorgehen billigte. Er beobachtete mich lächelnd.

Dann kamen Latexhandschuhe zum Vorschein, ein vibrierendes Silberei und ein Strang violetter Silikonperlen. Ganz unten lag tatsächlich ein mysteriöser neuer Gegenstand, ein gebogenes, hartes Ding, das in rosa Seidenpapier eingewickelt war. Angst gemischt mit Neugier stieg in mir auf. Es kam mir zu klein vor, um besonders fordernd zu sein, aber Greg war immer für eine Überraschung gut.

»Soll ich das Päckchen öffnen?«, fragte ich.

»Noch nicht«, sagte Greg. »Leg es einfach auf den Tisch.«

Ich gehorchte, dann wartete ich mit gesenktem Blick.

Greg atmete hörbar aus, als ob ich seine Geduld überstrapazieren würde. »Du weißt, dass dein Benehmen unten inakzeptabel war.«

»Ich weiß«, flüsterte ich.

»Was brauchst du, wenn du so unartig bist?«

Meine Schamlippen waren so geschwollen, dass sie schmerzten. »Ich brauche …« Ich zögerte.

»Ja? Sprich es aus.«

»Ich … muss in den Arsch gefickt werden.« Meine Stimme war mir selbst fremd – erstickt und verzweifelt.

»Wirklich? Brauchst du das?«

Mit gesenktem Blick nickte ich.

»Möchtest du das?«

Ich nickte.

»Dann sag es noch einmal schön laut.«

»Ich muss ... und will ... in den Arsch gefickt werden.« Mein schamvoll-obszönes Geständnis schallte durch das Schlafzimmer, und ich spürte, wie ich am ganzen Körper rot wurde.

»Braves Mädchen. Jetzt darfst du dein Geschenk öffnen.«

Mit zitternden Händen ergriff ich das rosa Päckchen. Unter dem Papier verbarg sich ein neuer Analstopfen. Er war dicker als die anderen und so gebogen, dass man damit auch den G-Punkt stimulieren konnte. Das silbrig glitzernde Silikon erinnerte mich an eine festliche Gelegenheit, wie Silvester zum Beispiel.

»Er ist hübsch.« Die Worte rutschten mir heraus, bevor ich es verhindern konnte.

»Ach ja?« Greg musterte mich kühl. »Glaubst du, es gefällt dir, wenn ich ihn dir ins Arschloch schiebe?«

Ich schluckte.

»Nun?«

»Ja ... ja, ich glaube, es gefällt mir.«

Er lachte leise. »Das werden wir wohl bald herausfinden. Breit das Handtuch aus und leg dich hin.«

Ich gehorchte und legte mich hin, das Handtuch unter meinem Hintern.

Greg drückte mir die Schenkel auseinander und beugte sich über mich, um mich genau zu betrachten. Er schnalzte mit der Zunge.

»Ich sollte eigentlich direkt deinen Arsch ficken, aber ich bin hungrig. Ein freches kleines Luder hat mein

Abendessen unterbrochen, weil es unbedingt bestraft werden wollte. Also werde ich zuerst deine Muschi essen. Und du solltest dich besser davon erregen lassen, weil es das letzte Mal für lange Zeit sein wird, dass ich in die Nähe deiner Klitoris komme. Verstanden?«

»Verstanden«, hauchte ich.

»Oh, ich habe ja deinen neuen Freund ganz vergessen.« Greg griff nach dem Analstopfen und betrachtete ihn liebevoll. »Glücklicher kleiner Teufel, er darf vor mir hinein.«

Lächelnd drückte er ihn mir in die Vagina und zog ihn sofort wieder heraus.

»Als Gleitmittel dürfte das reichen. Du bist ja furchtbar nass. Heb die Hüften.«

Ich hob meinen Hintern hoch, und Greg stieß mit dem Stopfen sanft gegen meinen Anus. Als er mich die ersten Male so »bestraft« hatte, hatte ich mich völlig verkrampft, aber jetzt brauchte mein Anus nur leicht stimuliert zu werden, und schon öffnete er sich wie eine Blume.

Er drückte den Stopfen bis zum Anschlag hinein.

Ich wimmerte.

»Und?«

»Es ist anders. Da ist ein neuer Druck innen … es ist gut.«

Greg nickte und hockte sich zwischen meine Beine. »Du musst gegen deinen neuen Arschfreund drücken, während ich deine Klitoris lecke. Du sollst ihn tief in dir spüren und dabei an meinen Schwanz denken. Verstanden?«

»Ja«, murmelte ich.

Er beugte sich vor und berührte meine Klitoris mit der Zungenspitze. Ich seufzte. Bei unserer ersten Verabredung hatte Greg mir gesagt, Lecken sei sein Hobby, und ich fragte mich, was er heute wohl noch alles für mich bereithielt.

Ich entdeckte bald, dass er ein meisterhafter Muschi-Lecker war. Ein Jahr später verfügte er über einen ganzen Katalog an Tricks, um mich zu erregen. In kürzester Zeit tropfte meine Möse, und das Handtuch unter meinem Hintern wurde nass.

Ich umschloss das Spielzeug mit meinen Arschmuskeln und stellte mir vor, es sei sein Schwanz, wie er es mir befohlen hatte. Dieses lange, dicke Ding würde mein schmutziges Loch mit süßer weißer Creme füllen. Ich stöhnte und zog die Muskeln noch fester zusammen. Jede Kontraktion brachte mich dem Orgasmus näher, ein Weg, den ich in dem Moment eingeschlagen hatte, als er gemurmelt hatte: *Ich weiß, was sie braucht.*

»Ich brauche es jetzt«, stieß ich hervor.

Greg blickte mich an. »Was brauchst du, Karen?«

»Ich brauche deinen dicken, großen Schwanz in meinem Arsch.«

»Ja, das glaube ich auch«, murmelte er und kniete sich hin, um nach den Kondomen zu greifen.

Ich beobachtete ihn, und meine Säfte tröpfelten aus meiner Möse. Manchmal schob Greg mir einfach die Knie hoch und nahm mich von vorn, aber heute kniff er die Augen zusammen und sagte: »Geh auf alle viere, du kleine Hündin!«

Mein Herz klopfte heftig, als ich in die Hunde-Position krabbelte. Greg kniete sich hinter mich und legte seine Hand auf meine Hüfte, eine besitzergreifende Geste, die jedoch seltsam tröstlich war.

Ich wartete zitternd.

Als er den Stopfen herauszog, machte mein Fleisch ein leises, küssendes Geräusch.

Mein Atem ging jetzt so schnell, dass ich beinahe glaubte, ohnmächtig zu werden. Ich fühlte mich auf einmal so leer, so offen und hungrig. Aber ich würde endlich bekommen, was ich brauchte.

Sanft drückte Greg seine Eichel an meine Öffnung, als wollte er anklopfen. Meine Muskeln waren von dem Spielzeug so gedehnt und entspannt, dass ich mich wie eine automatische Tür öffnete. Langsam schob er seinen Schwanz hinein.

Wir seufzten beide.

Ich begann mich zu bewegen, und die Empfindungen strahlten in meinen ganzen Körper aus. Ich konnte es kaum glauben, dass es erst sechs Monate her war, dass Greg mir dort hinten meine Jungfräulichkeit genommen hatte. Jedes Mal war das Gefühl exquisiter.

Erneut griff er zum Nachttisch. Benommen vor Erregung hörte ich ein leises Summen. Greg hielt das vibrierende Ei an meine Klitoris, und ich zuckte zusammen. Flammen leckten über mein Fleisch, von der Klitoris zum Arsch. Greg stieß langsam in mich hinein und passte sich meinen Bewegungen an. Ich nahm ihm das Ei aus der Hand und hielt es von der Klitoris weg. Ich wollte die Lust so lange wie möglich auskosten, und wenn es weiter dort unten summte, würde ich zu schnell kommen.

Plötzlich zog Greg seinen Schwanz aus mir heraus, und ich war wieder leer. Ich schrie auf und schluchzte beinahe vor Enttäuschung.

Bevor ich protestieren konnte, rammte er mir den Analstopfen wieder in den Anus. Er zog sich das Kondom herunter und steckte seinen Schwanz in meine Möse.

Das war definitiv neu. Sonst war Greg immer in meinem Arsch gekommen, aber es gefiel mir auch, in Stereo gefickt zu werden. Greg begann fester zu stoßen. Er war kurz vor dem Höhepunkt. Ich schloss meine Arschmuskeln fest um den Analstopfen und führte das Ei wieder direkt an meine Klitoris.

Jetzt wurden alle meine geheimen Stellen bedacht. Nichts in der Welt kam diesem Gefühl gleich.

Als ich kam, rollte der Orgasmus wie eine Welle über mich hinweg, und ich schrie vor Lust auf.

Greg rammte seinen Schwanz in mich hinein. Ich umklammerte ihn fest, als auch er kam. Dann brachen wir beide auf dem Bett zusammen.

Wie immer war unser Ritual danach schnell beendet: Der Stopfen wurde mit Kleenex gesäubert und mit dem Handtuch abgewischt, und wir lagen uns schwitzend und lachend in den Armen.

»Jesus«, hauchte ich, »das wird jedes Mal besser. Der Zwei-in-einem-Fick war großartig.«

»Für dich nur das Beste, meine Süße. Gefällt dir dein Geschenk?«, fragte er und streichelte mir über die Haare.

»Großartig, der kleine Funkelficker. Wie lange hat er schon da gelegen und auf mich gewartet?«

»Zwei Wochen. In der letzten Zeit hast du dich einfach zu gut benommen. Wunderbar, dass es heute geklappt hat.«

»Ich habe übrigens schrecklichen Hunger. Ich wasche mich schnell und hole dir dann deine schicke selbstgemachte Pasta wie ein braves Mädchen.«

Ich hatte ihm noch nicht erzählt, dass es mir einen heimlichen Kick gab, durch unseren lokalen Gourmet-Markt zu gehen, wenn ich in den Arsch gefickt worden war.

»Ich komme mit«, erwiderte Greg. »Ich möchte aufpassen, dass du auch bekommst, was du brauchst.«

Ich musste lächeln. Darauf konnte ich mich immer verlassen.

Deine Hand an meinem Hals

Rachel Kramer Bussel

Für A.

Du brauchst nur deine Hand auf meinen Nacken zu legen, und Tränen treten mir in die Augen, mein Körper wird wachsam und sagt mir, dass ich kurz davor stehe, wahnsinnig zu werden. So einfach ist es … doch natürlich sind deine Finger, wenn sie mich unterjochen, immer komplexer, als ich es jemals beschreiben kann. Es ist der schnellste Weg, um meine Aufmerksamkeit zu erlangen, um mich dorthin zurückzuholen, wo ich sein soll. Wenn du mir den Hintern versohlst, in meine Nippel kneifst oder mich mit Handschellen an den Bettpfosten fesselst, ist es auch schön, aber deine Hand an meinem Hals macht mich auf der Stelle unerträglich, beinahe unmöglich nass.

Liegt es daran, dass du der Erste warst? Daran, dass ich dir mehr vertraue? Oder sprechen die Tränen, das Keuchen, die Panik zu mir in einer Sprache, die viel tiefer geht als Worte?

Manchmal tust du es, wenn wir uns in einem Restaurant gegenübersitzen, weil du mich so gut kennst und weißt, was es mit mir macht. Für einen Außenstehenden sieht es vielleicht aus wie eine leichte Liebkosung, als wenn du mit dem Daumen über mein Handgelenk streicheln oder mir über die Lippen fahren würdest. Das könntest du auch tun, aber du tust es nicht. Du legst deine Hand an meinen Hals und übst leichten Druck aus, so dass meine Lippen schlaff werden und mein Atem stoßweise kommt. Du sagst mir so viel, ohne ein Wort von dir zu geben, und mein erster Instinkt ist, mich genauso zu verhalten wie im Bett: die Augen zu schließen und mich dir hinzugeben.

Aber wir sind in der Öffentlichkeit, deshalb warte ich, und bald ist der Moment vorbei. Ein Paar kann Händchen halten, unter oder sogar über dem Tisch, es kann auch mit den Füßen spielen, aber die Intimität des Würgens geht zu weit, selbst in Manhattan. Trotzdem denke ich darüber nach, während ich auf mein Essen warte, denke darüber nach, wie es sich anfühlt, wenn du fester zudrückst, wenn meine Kehle enger wird, aus dem Keuchen Schluchzen wird und ich am liebsten um mich schlagen und strampeln würde, damit ich spüren kann, wie du mir noch mehr die Luft abschnürst.

Das passiert jedoch nur, wenn wir zu Hause allein sind. Wir liegen kichernd auf dem Bett, und ich streichle den drahtigen, warmen Pelz auf deiner Brust. In der einen Minute küsse ich jede erreichbare Stelle von dir, in der nächsten hast du mich auf den Rücken geworfen, und wenn ich noch Kleider anhabe, dann verschwinden sie ziemlich schnell. Deine Finger sind hart, stark und drängend. Fünf krallen sich um meinen Hals, und die anderen fünf stoßen fest in mich hinein. Für gewöhnlich rede ich gerne, aber jetzt habe ich nichts mehr zu sagen, selbst wenn ich mehr von mir geben könnte als erstickte Laute.

Ich will viele Dinge auf einmal, aber ich weiß, du hast nur zwei Hände, deshalb muss ich geduldig warten, welche deiner Methoden du heute anwendest. Ich habe es dir nie gesagt, aber ich habe mir noch nie gewünscht, dass jemand so stark seine Hände um meinen Hals legt. Ich will nicht lügen: Ich bin schon früher gewürgt worden. Ich hatte eine Hand über dem Mund, mein Kopf ist ins Kissen gedrückt worden, ich wurde geknebelt. Aber bei niemandem habe ich es jemals so gewollt wie bei dir. Manchmal frage ich mich, ob in mir ein geheimer Knopf ist, den nur du sehen kannst, und du allein weißt, wie du ihn drücken musst, um mich wild zu machen, denn ich schwöre, wenn du deine Hand dorthin legst, wenn deine Augen auf einmal ärgerlich werden, wenn deine Stimme tief und böse und ein bisschen gemein wird, wenn deine Hand für diese süßen Momente zur verführerischsten Waffe wird, dann würde ich alles für dich tun.

Vielleicht brauche ich es dir nicht zu sagen, vielleicht siehst du es ja in meinen Augen, denn du setzt dich auf mich, ohne dass ich dich darum bitten muss, und hältst mich fest. Dann ist buchstäblich alles in meinem Kopf, das Blut und die Leidenschaft, Lust und Masochismus und Verlangen. Das bedeutet, zählt man meine orale Fixierung noch dazu, dass ich mich so weit öffne, wie ich kann, wenn du die Beine um meinen Kopf legst und mir deinen Schwanz präsentierst. Deine Eier schlagen mir gegen das Kinn, dein halb harter Schwanz gleitet in meinen Mund, und ich mache ihn so nass und eng wie möglich für dich. Deine Hand schließt sich immer fester um meinen Hals, während du mit der anderen meinen Hinterkopf packst und ihn anhebst, damit ich in der richtigen Position für dich bin.

Man kann es wirklich nicht anders sagen: Du fickst mein Gesicht, meinen Mund und rammst deinen Schwanz immer wieder in mich hinein. Und ich sabbere und bemühe mich, mit dir Schritt zu halten. Kurz lässt du meinen Hals los, und ich atme tief ein, wünsche mir einen festen, schmerzenden Schlag auf die Wange, aber ich bekomme ihn nicht. Es fällt mir schwer, darum zu bitten, weil es einen Level der Perversität enthüllt, von dem aus es keine Rückkehr mehr gibt. Aber vielleicht ist das auch eine alberne Unterscheidung, denn immerhin würgst du mich mit solcher Präzision und stößt deinen Schwanz in meinen Mund. Meine Muschi schmerzt beinahe, so erregt bin ich, aber ich will nicht, dass du mich fickst, nicht mit deinem Schwanz, nicht jetzt, denn das würde mir nehmen, was du mir gleich geben wirst: dein Sperma über mein Gesicht.

Du weißt, dass ich das will, weißt, dass ich es liebe, wenn du deinen Schwanz gegen mich schlägst, mir deine Eier in den Mund schiebst, aber du lässt mich warten, weil du weißt, wie sehr ich es brauche. Du neckst mich, reibst deine Eichel an meinem Gaumen. »Willst du mein Sperma, du kleine Hure?«, fragst du, während du es dir über meinem Gesicht selbst besorgst, während deine Hand tut, was ich rechtmäßig tun sollte. Wenn meine Arme nicht über dem Kopf gefesselt wären, würde ich meine Klitoris berühren, mich vielleicht ein bisschen schlagen, mir einen Finger in die Möse schieben, um die Intensität zu mildern, die sich dort unten breitmacht. Aber ich kann nur meine Beine fest zusammenpressen, meine inneren Muskeln anspannen und versuchen, näher an dich heranzukommen, bevor ich den ersten heißen Tropfen spüre. Ich öffne mich weit, und du gleitest hinein, schmilzt praktisch in mir, und deine Finger kneifen in meine harten Nippel, wenn du explodierst. Du ziehst ihn heraus, bevor alles weg ist, und cremst mich mit einer Lotion ein, die Lancôme niemals in dieser Reichhaltigkeit herstellen könnte.

Erst später, wenn wir fertig sind, wenn dein Sperma auf meiner Haut trocknet, denke ich darüber nach, wie sehr ich es geliebt habe, dass du mich gewürgt hast, dass ich nicht normal atmen konnte.

Letzte Woche hast du mir ein besonderes Geschenk gemacht: zwei Hände an meinem Hals und der Druck größer, als eine Hand allein bewirken könnte. Dein Schwanz wurde immer härter, als du in mich hineinrammtest, und ich konnte kaum noch schlucken. Mein Atem rauschte laut in meinen Ohren. Ich stellte mir vor, du würdest Wäscheklammern an meinen Nippeln befestigen. Du zogst eine Hand weg, um mich fest auf die Klitoris zu schlagen, ich drehte den Kopf zur Seite und fragte das Laken etwas, was ich dich direkt nicht fragen konnte. Du wusstest es jedoch, würgtest mich fester und schlugst mich auf die Wange. Schläge ins Gesicht müssen viel präziser sein als auf den Arsch. Dort unten kann ein Ausrutscher leicht korrigiert werden, aber im

Gesicht ist alles sofort zu sehen. Aber du weißt genau, wo ich es im Gesicht am meisten ersehne, genau auf der Ausbuchtung meiner Wangenknochen. Ich blicke dich aus verhangenen Augen an; direkt kann ich dich nicht ansehen, das wäre für uns beide zu viel. Genau aus diesem Grund legst du mir im Restaurant nur leicht die Hand auf den Hals oder kneifst mich kurz in die Wange, aber nicht in einer Million Jahren würdest du mich in der Öffentlichkeit so ins Gesicht schlagen. Selbst ein Klaps auf den Hintern ist zu tolerieren, aber eine Ohrfeige nicht. Wir wissen beide, dass es viel zu pervers ist. Meine Lippen beginnen zu zittern, und du nimmst die Hand von meinem Hals, um sie über meinen Mund zu legen. Du bedeckst auch einen Teil meiner Nase, und ich kämpfe gegen die aufsteigende Panik an, bevor du mich wieder auf die Wange schlägst. Dein Schwanz ist immer noch in mir, aber ich würde nicht sagen, dass du mich fickst. Eher hältst du mich fest, sorgst dafür, dass ich weiß, du könntest mich jederzeit ficken.

Jetzt wechselst du die Hände und schlägst mich auf die rechte Wange, und ich halte die Augen fest geschlossen, damit ich die Schläge nicht kommen sehe. Ich spüre, dass du deinen Schwanz herausziehst, und fürchte, es ist vorbei, fürchte, du hast mich satt, bist gelangweilt, weil das Ganze immer weniger ein Spiel und immer mehr ein Bedürfnis wird. Aber du legst deine Hand auf mein Gesicht, um zu sehen, wie viel davon du bedecken kannst. Du gibst mir, was ich brauche, kneifst mir die Nase zu, nur eine Minute, aber lange genug, dass mein Bauch sich zusammenzieht. Dein Gesicht ist ganz dicht an meinem, ich denke, du willst mir etwas ins Ohr flüstern, aber stattdessen beißt du mich ins Kinn, nicht fest, aber du hinterlässt sicher einen Abdruck. Meine Klitoris schmerzt, aber ich kann nicht allzu viel darüber nachdenken, weil du meine Hände festhältst und mich unter den Armen kitzelst. Du darfst das nicht, Kitzeln ist tabu, aber du tust es trotzdem. Dann schlägst du mich erneut fest ins Gesicht, erst auf die eine, dann auf die andere Wange. Ich möchte dich bitten, fester zu schlagen, weiß aber nicht, ob dich eine solche Bitte beleidigt.

Du hältst mein Schweigen für Desinteresse und schlägst mich tatsächlich fester. Vielleicht bilde ich es mir ja nur ein, aber ich glaube, du rammst deinen Schwanz dabei fester in mich hinein. Ich habe bisher nur aus Wut jemanden ins Gesicht geschlagen, deshalb weiß ich nicht, wie es ist, wenn man es unter solchen Umständen tut, aber ich hoffe, es macht dich geil. Ich will dich nicht fragen, weil es mir am liebsten ist, wenn du es mir mit deinem Körper zeigst statt mit Worten.

Du ziehst deinen Schwanz heraus und schiebst fest deine Finger in mich hinein. Aber dann fällt dir etwas Besseres ein. Du drehst mich um und drückst mein Gesicht ins Kissen. Dies ist unpersönlicher, als wenn du mich würgst, und ich bin mir nicht sicher, was ich lieber mag. Du kannst mich ins Gesicht schlagen oder spucken, aber du kannst dir auf jeden Fall sicher sein, dass ich weiß, ich atme nur nach deinem Rhythmus. Du kannst loslassen, und ich liege da und warte, dass du meinen Kopf hebst. Du kannst den brandneuen Spreizbügel einsetzen, von dem du mir so ausführlich erzählt hast, ohne dass ich ihn bisher kennen lernen durfte. Ich wusste gar nicht, dass meine Beine zu bewegen so eine große Sache ist; meine Handgelenke ja – sie sind so empfindlich wie mein Hals, und selbst der leichteste Schal verursacht bei mir Gänsehaut. Aber wenn ich so mit dem Gesicht nach unten daliege, die Beine breit, als ob ich jedes Mädchen, jeder Körper wäre, dann begreife ich erst richtig, was es bedeutet, dass du mich nach deinen Bedingungen nimmst.

Ich begreife, dass du weißt, wie gut es sich anfühlt, wenn du wieder deinen Schwanz in mich hineinzwingst. Ich begreife, dass es nicht nur um meinen Hals geht, noch nicht einmal um meine Muschi. Es geht darum, dass ich nichts dazu zu sagen habe. Ich muss auf jeden Atemzug warten. Es geht darum, dass für mich nichts zählt, außer, wo du mich als Nächstes berühren wirst. Ich kann nichts kontrollieren – nicht meine Bewegungen, nicht meine Gedanken, nicht meine Tränen. Sie durchnässen das Kissen, und du hebst meinen Kopf an und schaust mich an, während du weiter in mich eindringst. Du bindest mich zum Glück nicht los, aber du streichelst meine Wange mit dem Daumen, lässt die Hand zu meinem Hals gleiten, zu meinem Nippel und kneifst fest hinein.

Dann ist etwas Neues in mir, etwas Hartes, Kaltes. Metall, denke ich. Ich erschauere, als ich das Gewicht spüre, und der Gedanke erregt mich, dass du in meinem Mund kommen willst und mich damit vorher nur heiß machst. Du massierst den Eingang zu meinem Geschlecht, die geschwollenen, empfindlichen Lippen, und schiebst das Spielzeug ein bisschen hinein. Ich weiß zuerst nicht, ob es mir gefällt, dass du mich nur damit neckst. Dann gewöhne ich mich an den Flirt, aber genau in diesem Moment drückst du es richtig hinein. Ich habe auf einmal das Gefühl, pinkeln zu müssen, und werfe mich hin und her. »Nimm es«, sagst du mit harter Stimme.

Zuerst tue ich es für dich, weil ich alles richtig machen möchte, aber dann tue ich es für mich, weil du mich damit an einen Abgrund der Lust bringst. Ich nehme es, weil ich Angst habe, weil es mich bis in mein Innerstes erschüttert. Ich liebe es, weil ich Tränen und Schmerzen liebe; nehme es, weil mein Körper darauf reagiert. Meine Muschi und mein Gehirn hören auf, sich zu wehren, und lassen es einfach zu. Die Belohnung steht noch aus. Deine Hand legt sich fest um meinen Hals, als das Metall sich in mich hineinbohrt. Deine Spucke landet auf meinem Gesicht, neben meinen Lippen, dann darauf. Du beugst dich vor und beißt mich in die Brust.

Irgendwie reagiert jeder Millimeter meines Körpers, weil er dir gehört. Jeder Atemzug, der entweicht, verdoppelt, verdreifacht, multipliziert meine Erregung ins Unendliche. Ein Teil von mir will nicht kommen, will wissen, wie sehr du meine Erregung noch steigern kannst, wie viel Schmerz und Qual ich noch aushalten kann. Ein Bild von dir geht mir durch den Kopf, wie du mich zum Hotelpool zerrst, mich untertauchst und mich dann wieder hochreißt und deine Lippen auf meine legst. Ich denke daran, auf wie viele Arten du mich getestet hast. Du sagst mir, ich solle die Augen öffnen, und obwohl ich es nicht wirklich will, tue ich es. Ich habe Angst vor dem, was ich sehe, weil es viel einfacher ist, mit den Perversionen fertigzuwerden, wenn man sie nicht kommen sieht. Deine Hand meinem Gesicht sich nähern zu sehen ist viel intensiver, als der Schlag es jemals sein könnte. Du hast gesagt, am liebsten würdest du einen Spiegel aufhängen, damit ich zuschauen kann, wie du mich würgst, wie ich schlaff werde, aber das wollte ich nicht.

Das Spielzeug ist jetzt nicht mehr kalt, und ich weiß, ich stehe kurz davor. Du nimmst es heraus und ersetzt es durch etwas noch Größeres, vor dem mein Körper sich verschließt. Ich kann nicht, sage ich leise, aber du verteilst weiter Gleitmittel.

»Du kannst, und du willst«, sagst du, und ich versuche, mich, so gut es geht, zu entspannen, obwohl mein Instinkt mir sagt, dass es unmöglich ist. Ich kann deine Hände um meinen Hals ertragen, aber dieses Spielzeug ist doppelt so groß wie dein Schwanz, oder auf jeden Fall fühlt es sich so an. Du hast mir erzählt, du träumtest davon, dass mich ein Mann mit einem riesigen Schwanz fickt, während du mir den Hals zuhältst und mich am Schreien hinderst, indem du mir deinen Schwanz in den Mund steckst. Das fällt mir ein, als das Spielzeug sich langsam in mich bohrt. Es geht etwa zur Hälfte hinein, was sich bereits so anfühlt, als hätte ich eine Faust in mir. Ich atme langsam und kontrolliert, ein Zeichen meiner Freiheit, bevor deine Hand sich um meinen Hals schließt, meinen Kopf zur Seite drückt, mir die Nase zuhält, als wolltest du mich nicht ansehen. Aber ich weiß, dass du es willst, weil du mich aufgelöst, tränenüberströmt und verschwitzt, das Gesicht mit Sperma bedeckt sehen willst. Du willst sehen, dass ich ohne dich hilflos bin.

Auf dein Kommando hin drehe ich mich um und presse meinen Kopf in das Laken, rieche mehr das Waschmittel als den Sex in der Luft. Du spankst mich, während du den Dildo an Ort und Stelle hältst und ihn hineindrückst, wenn ich versuche, ihn herauszudrücken. Ich schreie nicht, jedenfalls nicht laut. Ich denke nicht an meinen Orgasmus, und er trifft mich unvorbereitet, als ich komme. Ich denke an dich und daran, wie du mich ansiehst. Ich denke darüber nach, wie du mich an meine Grenzen bringst, und manchmal möchte ich nicht zurückkommen. Ich denke darüber nach, wie du das Halsband so fest ziehst, wie es geht. Ich denke darüber nach, was für ein Glück wir haben, dass wir das füreinander tun, nicht nur füreinander, sondern auch für uns selbst. Ich würde es hassen, wenn du mich nur aus Mitleid würgen, aus Gnade schlagen oder mir aus Pflichtbewusstsein das Gesicht ficken würdest.

Du hältst mich nicht sanft, als wir fertig sind, noch nicht. Später, wenn wir schlafen, bist du dann gierig, legst mein Bein über dich, meinen Arm über deinen. Jetzt aber drehst du mich wieder auf den Rücken und legst deine Hand auf meinen Hals. Ich bin wund, müde und erschöpft, aber trotzdem, wieder einmal ist deine Hand auf meinem Hals alles, was ich brauche. Als ob sie dorthin gehören würde.

Über die Autorinnen

Heidi Champas Werk ist in über zehn Anthologien erschienen sowie in *Bust* und als E-Book. Online finden Sie sie unter heidichampa.blogspot.com.

Elizabeth Coldwells Kurzgeschichten sind in zahlreichen BDSM-Anthologien erschienen.

Auf der Grundlage ihrer eigenen Erfahrung in der Welt der D/S und BDSM erforscht Tess Danesi die dunklere Seite der Erotik und schreibt mit schonungsloser Offenheit über die dunklen Bereiche, in denen aus Schmerz Lust und aus Lust Schmerz wird. Sie bloggt in Urban Gypsy (nyc-urban-gypsy.blogspot.com), hat in zahlreichen Anthologien veröffentlicht und in *Time Out New York*.

Justine Elyot hat für zahlreiche erotische Anthologien Kurzgeschichten geschrieben. Kürzlich hat sie ihren ersten Roman veröffentlicht, *On Demand*. Sie lebt in England.

Emeralds erotische Fiktion ist in Anthologien veröffentlicht worden wie *Swing!*, herausgegeben von Jolie duPre,

Love Notes und *Tasting Her*, herausgegeben von Rachel Kramer Bussel, *K is for Kinky*, herausgegeben von Alison Tyler, und *Best Women's Erotica 2006*, herausgegeben von Violet Blue. Besuchen Sie doch Ihre Homepage thegreenlightdistrict.org.

Shanna Germains Texte sind in zahlreichen Anthologien erschienen, unter anderem in *Best American Erotica, Best gay Bondage, Best Gay Erotica, Best Gay Romance, Best Lesbian Erotica, Dirty Girls* usw. Sie finden sie online unter shannagermain.com.

Ariel Graham lebt und schreibt in Nord-Nevada mit ihrem Ehemann und viel zu vielen Katzen. Ihre Werke findet man in *Call of the Dark, Frenzy, Never Have the Same Sex Twice* und *Best Lesbian Romance 2009*.

Isabelle Grays Werke sind in zahlreichen Anthologien erschienen.

Doug Harrisons Kurzgeschichten wurden in über 20 Anthologien veröffentlicht. Seine spirituelle Lebensgeschichte, *In Pursuit of Ecstasy*, ist online. Er war aktiv in San Franciscos schwuler und pansexueller Lederszene. Doug hat neun erotische Videos gedreht und macht außerdem professionelle Foto-Shoots. Im *Bare Chest Calendar 1999* des AIDS Emergency Fund von San Francisco war er Mr Juni.

Mercy Loomis hat einen Bachelor in Psychologie, aber nehmt ihr das nicht übel. Ihr Lieblingszeitvertreib ist Krav-Maga-Training, *Rock Band* zu spielen und alte Geschichte zu studieren. Sie und ihr Mann leben in der Nähe von Madison, Wisconsin.

Sommer Marsden ist Autorin hunderter schmutziger Geschichten und Organisatorin der Blow Hard Tour 2009. Sommer lebt in Maryland, trinkt Rotwein und joggt – allerdings nicht gleichzeitig. Besuchen Sie ihre offen ungezogene Welt auf SmutGirl.blogspot.com.

Evan Mora erholt sich von ihrer Arbeit in der Bank, indem sie schreibt. Ihre Werke finden sich unter anderem in *Best Lesbian Erotica 2009, Best Lesbian Romance 2009* und *2010* und *The Sweetest Kiss: Ravishing Vampire Erotica.*

Aimee Pearl ist der Künstlername einer bisexuellen Devoten, die im Paradies der Perversen lebt, auch bekannt als San Francisco. Ihre erotischen Abenteuer erscheinen unter anderem in *Best Women's Erotica, Best Lesbian Erotica* und der Zeitschrift *On Our Backs.* Die Geschichte in diesem Band, die sie für Sir geschrieben hat, ist wahr.

Remittance Girl lebt im Exil in Vietnam, wo sie schreibt, Multimedia-Design macht und Orchideen züchtet. Ihre Arbeiten sind in zahlreichen erotischen Anthologien erschienen. Ihre Website ist remittancegirl.com.

Lisabet Sarai hat fünf erotische Romane veröffentlicht, darunter den paranormalen Roman *Serpent's Kiss* und einen Thriller, *Exposure*, und zwei Kurzgeschichten-Sammlungen. Sie schreibt auch Rezensionen über erotische Texte für Erotica Readers and Writers Association und Erotica Revealed. Besuchen Sie sie online in Lisabet's Fantasy Factory (lisabetsarai.com).

Kissa Starling (kissastarling.com) hat schon als junges Mädchen Tagebuch geschrieben. Inspiration findet sie überall: im Wechsel der Jahreszeiten, in Sonnenuntergängen, Fahrten auf einer Harley und romantischen Abenden mit ihrem Mann.

Charlotte Stein hat in verschiedenen Black-Lace-Anthologien Kurzgeschichten veröffentlicht. Ihre eigene Sammlung von Kurzgeschichten, *The Things That Make Me Give In*, ist im Oktober 2009 erschienen.

Donna George Storey ist die Autorin von *Amorous Women*, einer halb autobiografischen Erzählung über die heiße Liebesaffäre eines Amerikaners in Japan. Ihre Kurzgeschichten sind in verschiedenen Anthologien erschienen, unter anderem in *Best American Erotica*. Lesen Sie mehr über ihr Werk unter DonnaGeorgeStorey.com.

Alison Tyler hat 25 freche Romane geschrieben, 50 erotische Anthologien herausgegeben und mehr als 1000 schmutzige Geschichten geschrieben. Ihre neueste Anthologie trägt den Titel *Pleasure Bound.* Sie treffen sie auf alisontyler.blogspot.com.

Yolanda West ist 53 Jahre alt und lebt in der Nähe von Cleveland. Tagsüber arbeitet sie für die Regierung, und nachts schreibt sie schmutzige Geschichten. Sie ist verheiratet und hat zwei erwachsene Söhne.

Salome Wilde ist der wenig subtile Künstlername einer Akademikerin, die gerne kreativ schreibt und das Leben in vollen Zügen genießt. Ihre erotischen Geschichten wurden in zahlreichen Anthologien sowie Zeitschriften und Online-Publikationen veröffentlicht.

Über die Herausgeberin

Rachel Kramer Bussel (rachelkramerbussel.com) lebt in New York. Sie ist Autorin, Herausgeberin und Blogger. Sie gibt die Reihe *Best Sex Writing* heraus (bestsexwriting.com) und ist Co-Herausgeberin von mehr als 20 weiteren Erotica. Ihre Werke wurden in mehr als 100 Anthologien veröffentlicht. Sie arbeitet als Senior Editor bei *Penthouse Variations* und hat für die *Village Voice* die beliebte Kolumne »Lusty Lady« geschrieben. Sie schreibt für zahlreiche Zeitschriften und Zeitungen, unter anderem *Huffington Post, Newsday, New York Post, Penthouse, Playgirl, San Francisco Chronicle und Time Out New York*. Auch im Fernsehen war sie in zahlreichen Sendungen zu sehen. Lesen Sie mehr über *Lass mich deine Sklavin sein* auf http://pleasesirbook.wordpress.com

Copyright der Originalausgabe